创业者要懂的24堂营销课

白 龙 著

人 民 邮 电 出 版 社
北 京

图书在版编目（CIP）数据

创业者要懂的24堂营销课 / 白龙著. -- 北京 : 人民邮电出版社，2016.9
ISBN 978-7-115-43469-2

Ⅰ. ①创… Ⅱ. ①白… Ⅲ. ①市场营销学 Ⅳ. ①F713.50

中国版本图书馆CIP数据核字(2016)第204563号

内容提要

在“大众创业，万众创新”的时代，创业企业如雨后春笋般涌现。企业要想获得经济效益，就必须掌握一定的营销技巧。营销的要素有哪些？如何制定市场营销方案？如何利用互联网思维进行网络营销？针对初创企业关心的问题，本书给出了答案。

本书针对创业者应该掌握的营销知识和技能，将产品营销、市场营销、品牌营销、服务营销、互联网营销、情感营销六个方面的知识细化为24堂营销课。每堂课都阐述了相关概念和具体的工作思路，并针对具体问题给出了有效对策，能够帮助广大创业者以较少的资金投入，获得强有力的营销效果。

本书适合初创企业的管理者和营销人员阅读，也适合其他对营销感兴趣的读者阅读。

◆ 著 白 龙
责任编辑 庞卫军
执行编辑 付 路
责任印制 焦志炜
◆人民邮电出版社出版发行 北京市丰台区成寿寺路11号
邮编 100164 电子邮件 315@ptpress.com.cn
网址 http://www.ptpress.com.cn
北京隆昌伟业印刷有限公司印刷
◆开本：700×1000 1/16
印张：10.5 2016年9月第1版
字数：120千字 2016年9月北京第1次印刷

定 价：39.00元

读者服务热线：（010）81055656 印装质量热线：（010）81055316
反盗版热线：（010）81055315
广告经营许可证：京东工商广字第8052号

前言

“大众创业，万众创新”的浪潮不断高涨，众多怀有创业梦想的人纷纷加入到创业大军之中。然而，创业的路上成功者廖若晨星，失败者却不计其数。马云也曾说过，创业是九死一生。可见，创业的现实很残酷。

创业者要想在这样的环境中脱颖而出，就要切实提高各方面的能力，尤其是营销能力。那些获得了卓越成就的创业者，无不是凭借优秀的产品和服务，以及过人的营销手段迅速占领市场的。

史玉柱充分发挥营销的巨大能量，让公司潜心研发的“脑白金”一炮走红，成为了保健品市场的龙头，并创造了 17 年畅销、连续 16 年成为中国销量第一的保健品、长期占据保健品市场高达 10.13% 份额的营销传奇。史玉柱也因此被称为营销狂人。

雷军和他的团队利用互联网营销，没有花费太多成本就让小米品牌走红大江南北，在手机市场中脱颖而出，并在短短四年时间内荣登国内手机销量第一的宝座，成为了无数创业者效仿的对象。

可见，创业者一定要重视营销，并把各种营销手段运用得炉火纯青。创业者不懂营销，就会在激烈的竞争环境中举步维艰，就无法获得更大的成就。企业生产产品是为了把它们卖出去，这样才能获得利润，才能维持企业的正常运转，获得进一步的发展。为此，创业者要竭尽全力地去开拓市场、寻找目标用户、提高品牌知名度。要想做到这些，没有营销的助力是万万不行的。毫不夸张地说，在某种程度上，企业营销水平的高低，影响着企业的发展高度，甚至能够决定企业的生死存亡。

在“互联网 +”时代，营销工作有了新的手段和工具，本书为广大创业者总结了以下六种营销方法。

（1）产品营销。创业者一定要研发出质量过硬、名字响亮、含有创新元素的产品，因为营销的前提是要有个好产品。

（2）市场营销。创业者开展市场营销，需要做好四件事情——定方案、找目标、做广告和巧策划，以便将每一分钱都花在刀刃上，快速地占领市场。

（3）品牌营销。品牌就是招牌，只有打响品牌，才能把新产品顺利地推广出去。品牌营销过程中，创业者要做好以下几件事：确定改变命运的“种子”产品、赋予产品一个精彩的故事、明确产品定位以及确定主打品牌。

（4）服务营销。优质服务能为初创企业增值。创业者要注意以下几点：与用户交朋友、努力实现与用户共赢、为用户提供最好的服务以及绝不能轻视用户。

（5）互联网营销。互联网营销是初创企业声名鹊起的法宝。要想玩转互联网营销，创业者要把握好四个要素——粉丝经济、朋友圈经济、自媒体经济和 O2O。

（6）情感营销。情感营销是让用户认同企业的有力手段之一。一个品牌、一个产品，只有赢得用户的认同才能获得成功。要想做好情感营销，创业者需要掌握以下四个技巧：用良好的体验留住用户、营造良好的体验氛围、找到用户的痛点以及学会情感设计。

只要创业者熟练掌握上述营销方法，就能够让自己的企业在创业路上越走越远，在激烈的竞争中不断胜出。

最后，需要特别说明的是，作者在创作本书的过程中，得到了众多朋友的大力支持，他们提供了部分有价值的素材，以及诸多有益的建议。他们分别是陈龙海、郭彦宏、安睿、朱蕊、罗时迁、钟海平、罗飞丽、陈选燕、陈龙武、李玫诺、曹珊、张丽欢等，在此向本书的所有贡献者一并致谢。

目录

Part1

产品营销：创业者一定要生产好产品

Part2

市场营销：创业者要学会把钱花在刀刃上

目 录

Part3

品牌营销：优秀的企业一定会做品牌

Part4

服务营销：优质服务为初创企业增值

目 录

Part5

互联网营销：让初创企业声名鹊起的法宝

Part6

情感营销：让用户认同企业的有力手段

Part1

产品营销：创业者一定要生产好产品

营销涉及四大要素：产品、盈利方式、销售渠道和传播渠道。首当其冲就是产品，可见产品在整个营销体系中占有举足轻重的地位。因此，创业者一定要全力以赴地开发出好产品，用好东西来吸引用户、赢得市场。简而言之，产品营销就是让用户了解你的产品，并最终购买你的产品。

第 1 课

求质量：好产品自己会说话

有人说，做产品就是做营销，只要广告做得好，没有卖不掉的产品。事实真的如此吗？不是的。无数企业昙花一现的经历告诉我们，如果没有好产品，广告做得再好也毫无用处。在互联网经济高度发达的今天，依靠狂轰滥炸式的广告投放来影响消费者，效果已经没有过去明显。越来越多的人更相信自己的使用体验，而不是广告上的只言片语。

没有好产品的企业一定走不远

俗话说："酒香不怕巷子深。"说的就是好产品拥有巨大的魅力，能够吸引消费者慕名前来。如果创业者能够研发出好产品，就能快速吸引客户，进而在市场中迅速赢得一席之地。

很多生产智能硬件的创业公司，通过众筹获得了成功，但是很快就销声匿迹了。归根结底，就是因为它们没有好产品，经不起市场和消费者的检验。可见，企业没有好产品，很难在市场中站稳脚跟。

好产品是企业发展的持久动力。全聚德、同仁堂、云南白药等企业经历了百年的发展，凭借好产品始终在行业中处于领先的地位。即使是在互联网时代兴起的创业公司，能够保持高速、稳定发展的，凭借的也是好产品。苹果公司凭借极简的智能手机在手机市场中长期所向披靡，老牌厂商诺基亚、摩托罗拉纷纷出局。腾讯凭借极受欢迎的社交工具微信，令电商巨头阿里巴巴如坐针毡。在 O2O 领域，百度凭借百度糯米、百度外卖这两个好产品，占尽上风。

企业要想获得持续发展，就离不开好产品，而好产品应该具备三个要素，即真、善、美。

好产品要具备的三个要素

真	善	美
真就是真理。对企业而言，就是产品的研发能力，以及所掌握的技术与人才，包括你对技术资源和人才资源的理解深度	善就是善良。对企业而言，就是把握市场需求的程度，以及为市场作贡献的意愿的强弱	美就是艺术。对企业而言，就是艺术与文化的底蕴，以及体现在产品上的艺术美感、品位或品格

没有哪一位创业者不想研发出一款好产品，很多企业家都在竭尽全力地探索适销对路的产品，时刻琢磨着用好产品引爆市场。在这个提倡简单思维的“互联网 +”时代，企业要明白，做得多不如做得精。做得精指的就是做一款好产品。

在互联网领域，什么样的产品才能称得上是好产品？我们可以从六个维度来评价：（1）有用，即产品要努力满足用户需求；（2）好用，即产品设计力求简单、实用；（3）好看，即将产品设计得美观；（4）好玩，即运营部门和策划部门默契配合，让产品充满趣味，让用户能获得快乐的体验；（5）前景，即判断产品是否具有良好的发展前景；（6）营收，即通过产品所带来的利润来判断产品的价值。互联网创业者只有从这六个维度入手开发产品，才能做出好产品。

媒体界也有句名言："内容为王。"这句话启示创业者要做好产品。好产品就是营销的内容。试想，你的产品不好，虽然通过广告可以推销出一批产品，但用户用了感觉不好，还会再次购买吗？会给你好评吗？我想用户不仅不会再次购买，而且会到处说你的产品不好，企业辛辛苦苦建立起来的品牌形象就会受到损害。品牌形象一旦受损，就无法获得快速发展，甚至会一蹶不振、破产。

创业公司要想获得长远发展，离不开营销，而营销的前提是要有好产品。用户通常会通过广告了解你的产品，对你的产品产生兴趣，并购买你的产品。如果你不能兑现产品广告中的承诺，用户就会认为你在欺骗，就不会再次购买。因此，企业做广告时不能一味地夸大效果，否则广告不仅不能提升产品的美誉度，还会让你的产品更快地被消费者抛弃，那么广告推广也就失去了意义，巨额的广告费用就打了水漂。广大创业者、中小企业应注意：广告不是营销的万能药，广告虽然能提升产品知名度，但是前提是要有好产品，好产品才是品牌持久发展的动力。

初创企业要发展，就要把所有的精力放在一个产品上，并把这个产品做到极致，做成自己的明星产品，乃至行业的明星产品。企业通过明星产品集中传播卖点，才能在竞争中以小博大、以弱胜强，提高品牌影响力，获得持续发展。

营销的关键是有好产品

巨人集团的史玉柱曾经说过："骗消费者一年，有可能；骗消费者十年，不可能。"

事实的确如此，如果一件产品经不起市场的考验，那么就算企业花再多的精力在广告和推广上也没有用，残酷的市场竞争会毫不留情地将其淘汰出局。

诺基亚曾雄踞手机行业销量排行榜第一宝座多年，但最终还是在时代浪潮的冲击下退出了历史舞台。

曾几何时，"你每眨一下眼，全世界就卖出四部诺基亚手机"，而诺基亚也一度成为手机的代名词。然而，时过境迁，曾经辉煌一时的手机霸主，在苹果、三星、华为、联想、天语、小米等智能触屏手机的联合"围剿"下，风光不再，市场份额大幅下滑。

从 2011 年开始，诺基亚先后关闭了法国、西班牙、芬兰等多个国家和地区的实体店。2013 年，这股关店潮席卷中国，先是北京磁器口诺基亚旗舰店关停，接着上海旗舰店也悄然关闭。

诺基亚在全球范围内的败北，给所有创业者们敲响了警钟。诺基亚是一家值得敬佩的公司，从它进入手机市场开始，一直在手机行业中处于领先地位，有一年甚至冲进了全球品牌排行榜十强。鼎盛之时，诺基亚的市值曾是苹果的 24 倍，高达 69 478 亿美元，而苹果只有 2 838 亿美元。但是，短短八年的时间内，昔日的王者却最终沦落为时代前进的垫脚石。

诺基亚陨落的最根本原因是什么？没有好的智能手机产品。在功能机时代，诺基亚是无可争议的王者，但是智能手机时代到来之后，诺基亚没有跟上时代发展的步伐，不主动积极地更新自己的产品，最终在激烈的市场竞争中迅速沉沦。

没有好产品，就算广告做得再好，消费者也不会买账；没有让消费者信服的产品，企业早晚会退出历史舞台。

因此，聪明的企业家、创业者都明白这样一个道理：拥有好产品才是关键。下面以脑白金为例进行说明。

从 20 世纪末开始，脑白金就在媒体上进行狂轰滥炸般的广告宣传，时至今日，已经有十几个年头。几乎每个人都能背下脑白金的广告词"今年过节不收礼，收礼只收脑白金"。就是这句简单的广告词，却因为朗朗上口而变得人人皆知。

脑白金广告是由史玉柱亲自操作的。在编写广告词之前，史玉柱做了大量的市场调研，深刻地把握住了消费者的心理。史玉柱根据脑白金的作用、购买人群与使用人群之间的关系，确定了广告词。

此广告一经推出，就使脑白金变得家喻户晓，其销量也非常可观。当然，史玉柱对此有着自己独到的看法，他认为："广告很重要，没有广告肯定不行，但产品是基础。"脑白金的案例告诉我们这样一个道理：广告做得再好，如果产品不够优秀，消费者照样不买账。

史玉柱为什么对自己的产品如此有信心呢？这是因为史玉柱曾亲自参与了脑白金的研发，亲自试验了脑白金的效果。为了研发出科技含量高、效果显著的产品，史玉柱曾经查阅了大量论文，并亲自服用过脑白金。当他觉得这个产品真的有效果之后，才正式开展脑白金这个项目。

为了验证脑白金是否真的有效，史玉柱还做过一个市场调查。他以脑白金技术员的身份将"脑白金"免费送给用户，并对用户做了实地调查，有用户使用后惊喜地反馈"老年斑都褪了"。在获得了大量的正面反馈之后，史玉柱才彻底放下心来。经过一段时间的市场调查后，史玉柱正式推出脑白金产品。

在互联网技术高度发达的今天，人们对产品质量的要求越来越高，对产品的质量问题也越来越重视。越来越多的企业在残酷的市场竞争中渐渐悟出了这样一个道理：企业唱主角的时代已经成为了过去，在现在的市场中，消费者拥有了更多话语权，如果你无法制造出让消费者满意的产品，就无法赢得消费者的信任，更加无法在市场上站稳脚跟。

好产品自己会说话，消费者会主动帮你进行品牌传播。就像在互联网时代风生水起的小米手机，很多用过小米手机的人为什么对小米情有独钟？一是因为小米手机在同价位手机中性能突出；二是因为小米产品确实给用户带来了良好的用户体验。

消费者的眼睛是雪亮的，一件产品好不好用，每位用户心里都有自己的结论。广告虽然是营销推广的有效手段，但产品质量才是用户在购买过程中最关心的问题，没有人会花钱买一个鸡肋产品。因此，一家企业想要长期在市场上占有一席之地，就要从产品质量入手，提高产品在性能、安全、可靠等方面的综合价值，打造出优质的产品。

将产品做到极致

做产品就要做到极致，如果做不到，就很可能会在残酷的市场竞争中丢掉大批的用户，失去市场先机。在实际生活中，我们可能会有以下经历。

花了不菲的价钱买了一部智能手机，然而让我们想不到的是，手机居然三天两头出问题，半年时间手机就被送检了三次。

虽然每次维修中心的态度都很好，不仅上门取件，维修期间还提供代用机，修好之后也会派人送过来，但我们对这部手机还是会失去信心，对这个手机品牌也产生了怀疑，并发誓今后再也不用这个牌子的手机了。

这样的经历带给我们的思考是深刻的。现在，很多企业一遍遍地喊着响亮的口号："质量就是企业的生命。"但在实际操作过程中，它们却无视该口号，对产品质量把关不严，导致很多粗制滥造的产品流进了市场，流到了消费者手中。当这些不合格的产品给消费者带来了糟糕的体验，这些产品也就开始走向末路了。

在知名家电企业海尔的发展壮大的过程中，曾发生过这样的事情。

前几年政府提出了"家电下乡"的口号，海尔响应号召，参加了"家电下乡"活动，并且在"家电下乡"活动中迅速占有了 40% 的市场份额。在农村销售电器时经常会出现一些问题，但海尔却没有遭遇这些问题，这是为什么呢？

不是海尔没有遭遇，而是在遭遇之前，海尔就已经把可能遇到的问题都想到了，并且设计好了适应新环境的产品。例如农村电压不稳定，可能随时停电，于是海尔就提供了停电还可以保证两天不化冻的冰箱；有的地方没有自来水，海尔就研发了没有自来水也可以照常使用的洗衣机。这样的产品自然很受农民朋友的欢迎。

提起海尔，很多业内人士都会竖起大拇指，一方面是海尔确实经营有道，另一方面则是因为海尔总是力求做到极致。且不说两天不化冻的冰箱，就说海尔为满足西南地区农民朋友的需求而研发出不仅能洗衣服，还能洗土豆的洗衣机，就足以让我们对海尔追求极致的精神刮目相看。

很多企业不是做不好产品，而是没有做好产品的心态；不是不能做出更好的产品，而是缺乏不断改进产品的方向。

产品改进的方向在哪里？用户的不满、用户的抱怨就是方向。发现市场的刚需，挖掘自己的潜能，不断完善自己的产品，把自己的产品做到极致，就一定能创造出惊人的价值。

市场是一个大熔炉，企业只有经受住考验，才能百炼成钢。如何才能经受住考验？那就是做到自己能力的极限。

小米公司的联合创始人王川说过这样一句话："极致就是把自己逼疯，把别人逼死。"一时之间，这句话被诸多互联网企业视为通往成功的捷径，还被一些互联网业界人士视为互联网思维的"金句"。

同时，小米公司也用自己迅速崛起的不争事实，向人们宣告了这句话的确是企业经营的真理。2010 年 4 月 6 日，小米公司在北京挂牌成立；时隔一年，小米推出了第一款产品米 1；到 2012 年，米 1 共售出 719 万部，含税销售额达到 104 亿元；2013 年小米共卖出 1 870 万部手机，增长了 160%，含税销售额达到 316 亿元，增长 150%；2014 年，小米公司共销售 6 112 万部手机，增长 227%，含税收入 743 亿元，增长 135%。

从成立发展至今，小米公司仅仅用了六年的时间，就取得了让许多老牌手机厂商都无法超越的成绩。其关键就在于小米公司时时刻刻都在逼自己做到最好。

很多用过小米手机的人，都会这样评价小米——性价比很高。

何谓性价比？看看小米手机的配置你就明白了。以小米 2S 为例，搭载高通骁龙 600 的处理器，16G 内存，这样的硬件配置，小米只售 1 699 元，不到同类产品价格的一半。大众都能接受的价格、高端机的性能，这样的手机怎么可能不受欢迎呢？

对一款高性能的智能手机来讲，价位越低利润空间就越小，这就会导致小米在后续的市场运作中没有太多回旋的余地，很有可能无法承担手机出现问题所带来的大规模维修的风险。但即便如此，小米还是选择了走低价路线，选择用低价高质的智能手机俘获用户的心。在这种情况下，小米要想继续发展，长久在市场中立足，只有一条路，那就是把产品做到极致，让用户无可挑剔。

第 2 课

打名号：给产品起一个响亮的名字

普通人喜得贵子，不忘给孩子起个吉祥的名字；生意人开家淘宝店，也会给店铺起个兴旺的名字；创业者创业，都会想着给产品起一个响亮的名字。产品拥有响亮的名字，好处显而易见：一是有利于产品传播；二是便于企业塑造产品形象。

好名字有利于产品的传播

纵观那些名牌产品，往往都有一个朗朗上口的好名字，安踏、耐克为运动一族所熟知；Only、百丽、天美意为年轻时尚女性所熟知；奔驰、宝马为爱车一族所熟知；苹果、小米为智能手机用户所熟知，如此种种不胜枚举。这些产品不仅是各领域的明星产品，更为企业提高了品牌影响力。

企业的产品要想被消费者认可，首先要被消费者认识。好名字犹如产品的一张名片，其对产品营销的重要性不言而喻。史玉柱就非常看重产品的名字。他认为，产品有好名字就容易被用户记住，有利于产品传播。于是，每次推出新产品，史玉柱都会花很多心思为新产品起名字，例如巨人汉卡、脑白金等。其中，最经典的莫过于脑白金，它一经推出，几乎人人皆知。直到今天，脑白金这款产品仍然在人群中广泛传播，创造了十余年经久不衰的营销传奇。

如何才能给产品起个好名字？这就需要创业者把握产品起名的原则。产品起名主要有以下六大原则。

（1）少、短、响。产品的名字应力求字数少、笔画少、结构符合美学原理，这样才能便于书写和记忆。产品简短响亮的典型代表有飞鹤、联想、华为、格力、红旗等。

（2）产品名字读起来要朗朗上口，干脆利落。如果产品名字读起来很拗口，肯定会影响其传播效果，甚至人们都不愿意提起它。例如，很多楼盘的名字很拗口，不容易被人们记住，因此加大了楼盘推广的难度。

（3）产品名字读起来要顺耳响亮。产品名字要韵律优美，读起来抑扬顿挫。如果产品的名字都选用平声字，那么读起来就很平淡，无节奏感。如果产品名字都选去声字，那么读起来就很费力，听起来很单调。既有平声又有仄声的产品名字，读起来有节奏感，悦耳动听。

（4）名副其实。名副其实是指人们听到产品的名字，就可以了解产品的基本特征。例如，人们一听到“立白”两个字，就会想到是清洁类产品。这样起名能让企业不必长篇大论地介绍产品用途。

（5）产品名字能充分传达产品信息。产品名字的读音和字形往往会影响用户的判断。对于第一次接触的产品，人们往往会凭直觉判断它的属性。有的产品名字，一看就知道适用于哪个消费群体，例如娃哈哈、爽歪歪、好孩子、红孩子等。

（6）产品与品牌形象要一致。产品的名字不能与企业所属的行业冲突。例如，电视品牌长虹、创维、熊猫等都与视觉有关，与电视行业保持了统一。

企业掌握了以上这些原则，就可为自己的产品起个好名字。

企业推出产品，就是为了盈利；打广告、发微博，都是为了把产品传播给更多的用户，并让用户记住你的产品，进而购买你的产品。为了获得更好的产品营销效果，为了让产品传播得更快、更广泛，企业在给产品起名的时候应多用心，为产品传播打下好基础。

好名字便于企业塑造产品形象

俗话说："不怕生错相，就怕起错名。"这说明名字对人很重要。在产品营销层面，产品名字往往能刺激消费者的心理活动。那些对消费者心理刺激强烈的产品名字，往往容易被消费者识别和记忆，甚至给消费者留下深刻的第一印象。企业要想让产品给用户留下好印象，离不开一个好名字。一个好名字便于企业塑造出良好的产品形象。

联想集团之所以取名为"联想"，就是想通过名字塑造产品形象。白领的工作往往是脑力工作，是一种思维活动，因此离不开联想。于是，联想集团把自己的计算机产品命名为"联想"计算机，其产品宣传语就是："人类失去联想，世界将会怎样？"此句一语双关，既表达了人类的发展离不开联想，又暗示人们工作中离不开"联想"产品，一举塑造出了联想产品是工作人员"大脑"的产品形象。产品拥有了好形象，便有利于人们在琳琅满目的商品中找到它。例如，软件工程师刘先生到苏宁电器寻找心仪的笔记本电脑，他想在联想、华硕、戴尔、神州、方正、清华同方等品牌中选择。由于联想品牌形象更接近刘先生的职业，于是刘先生选择了联想。

阿里巴巴一直以“让天下没有难做的生意”为使命。为了完成这个使命，阿里巴巴推出了很多产品，包括淘宝网、支付宝、蚂蚁小贷等。后来，阿里巴巴把自己的互联网金融产品独立出来，成立了蚂蚁金融服务集团，简称蚂蚁金服。阿里巴巴为什么把自己的互联网金融产品命名为“蚂蚁金服”呢？其实，阿里巴巴团队经过了一番认真琢磨之后才决定的。

关于“蚂蚁金服”这一名字的由来，蚂蚁金服是这样回应的：“我们之所以给自己的互联网金融产品起这个名字，是因为我们是从‘小微’做起，我们被小微世界深深吸引，并对小微世界很感兴趣。我们身上承载了许多小微的梦想，我们喜欢与更多小伙伴们携手共进。就像蚂蚁一样，虽然微小不起眼，但它们齐心协力，便可焕发出惊人的力量，可以把比它们庞大数倍的物体搬运到目的地。”

同时，“蚂蚁金服”四个字还体现了其独特之处。其中，“金服”二字让它与传统的金融产品有所区别。蚂蚁金服表示，“金服”二字强调服务，既服务广大“草根”消费者和小微企业，也会以开放的心态服务于金融机构，共同支撑未来社会的金融发展。

“蚂蚁金服”是个好名字，成功塑造出了产品形象。普通商户、淘宝买家几乎没有不知道蚂蚁金服的，甚至许多个人用户都在使用蚂蚁金服的产品，如支付宝、余额宝、花呗等。商家、用户对蚂蚁金服产品的广泛使用，无不有力地证明“蚂蚁金服”是一个好的产品名字。那些没有使用过的用户只要看到、听到“蚂蚁金服”四个字，脑海中立刻就会浮现出永不放弃的蚂蚁形象。

不仅阿里巴巴努力用好名字塑造产品形象，其他互联网企业也是如此。“百度”的命名灵感来源于北宋词人辛弃疾的《青玉案》中的语句“众里寻他千百度”，成功塑造出了“寻寻觅觅”的形象。大家只要听到“百度”两个字，就知道它是一个搜索工具。毋庸置疑，这样的产品命名非常成功。

产品名字之所以能让企业塑造产品形象，与名字在传播中的功能有关。产品名字在传播中有四个显著功能，即简单明白、道德文化辐射、符合人们心理和记忆特征以及结合卖点。如果只是为了让用户记住，而不考虑这些功能，就无法实现预期的营销效果。如果产品名字能体现产品的卖点，就能塑造出最合适的产品形象。例如，冰红茶、绿地地产、味多美、蒙牛、白加黑、全球通等，用户听到这些名字就能知道产品的作用。其中，白加黑的广告语是“白天吃白片，不瞌睡；晚上吃黑片，睡得香”。即使是不识字的人听了，也知道它是什么，怎么使用。

产品名字不仅仅是产品的代号，更体现了产品的定位、形象。产品命名是一门艺术，需要灵感，更需要花费心思。创业者一定要重视产品名字，努力为产品起个好名字，用好名字塑造出良好的产品形象。

第 3 课

促研发：不断推陈出新

俗话说，每天吃山珍海味，也总有吃腻的一天。对于这一点，餐饮业的创业者体会最深。刚开业的饭店凭借美味的饭菜，往往能快速吸引到新顾客，但却很难长久地留住顾客。有些创业者认为，只要自己做的饭菜可口美味，即使顾客天天吃都不会腻，不会离开。可是，往往顾客连续吃几天就腻了，而且走了就再也不会回来了。因此，创业者无论做哪一行，一定要有研发意识，要坚持不懈地研发新产品，不断地推陈出新。这样企业才能持续地吸引客户，获得长远发展；否则，客户迟早会离开你，主动去寻找其他商家。到时候，企业再想挽回老客户，就要花很大的代价，而且有可能无功而返。

市场是个大熔炉，不进步就退步

“逆水行舟，不进则退”的意思是说，逆水行驶的小船，不努力向前，就只能后退。这个道理同样适用于产品营销。产品营销的目的就是快速让产品打进市场，提高产品的市场占有率。如果企业不能提高产品占有率，久而久之，就会被竞争对手从市场中挤出去。市场是一个大熔炉，你的产品进入市场，就要接受市场的考验。

我们看到过许多成功的产品，也见识过不少品牌的衰落。例如，诺基亚手机曾给人们创造了很多惊喜，但最后仍黯然失色地离开了手机市场这个舞台。

诺基亚诞生于芬兰，鼎盛时期每天有 9 亿人用诺基亚手机通话。诺基亚对手机行业影响深远，使手机真正走入了老百姓的生活。当时，几乎所有人都认为诺基亚将会永远称霸手机市场。《新闻周刊》甚至给了诺基亚这样的评价："因为它，未来是芬兰人的天下。"然而，四年之后，诺基亚就衰落了，最终退出了手机市场。

2011 年，诺基亚在手机市场中的影响力越来越弱：市值暴跌，2011 年，诺基亚的市值与 2007 年高峰时相比暴跌了 87%；利润也大幅下滑，从 2011 年第二季度开始，诺基亚手机由盈利转为损益两平，并面临亏损的风险；市场占有率剧减，2011 年，诺基亚的市场占有率降至 25%（2008 年，其市场占有率超过了 40%）。当时，野村证券预测了诺基亚的发展趋势：这个连续坐了 14 年全球手机市场冠军宝座的手机品牌，将在第二季度被韩国三星取代，到第三季度还会被苹果超越，跌至第三。2012 年，诺基亚丢掉了连续 15 年手机市场份额第一的桂冠，其在智能手机市场中的份额降至 14%，被苹果和三星远远地甩在了后面。

诺基亚在手机市场中节节败退，就是因为太自信，没有快速地研发新产品，无法满足用户对智能手机的需求，最后被三星和苹果抢占了智能手机市场。

事物是不断发展变化的，“一招鲜，吃遍天”的时代已经过去了。企业要想在市场中屹立不倒，就要不断地洞察消费者需求，并竭尽全力研发新产品来满足用户的需求。如果企业忽视用户需求，拒绝改进产品，那么迟早会被用户抛弃。

不断创新，满足消费者不同层次的需求

几乎没有哪一款产品一开始就完美无缺，任何一款优秀的产品，都是在满足消费者不同层次需求的基础上，经过不断的测试、创新才诞生的。例如，大家熟悉的电视机，最初的屏幕很小，还是黑白的，但还是受到了消费者的喜爱，满足了人们看新闻、看电视剧、看综艺节目的需求。时间久了，消费者就希望电视能展现色彩，如蓝天碧水、红花绿叶，而不是单调的黑白色。电视企业了解到消费者的需求，就不断地研发，最终研发出了彩电，进一步满足了消费者的需求。随后，消费者对电视又产生了新的需求，希望电视屏幕再大些、再薄些。电视企业便根据消费者的需求不断地创新，终于研发出了屏幕大、超薄的液晶电视。然而，电视产品的研发、创新并没有结束，而是会随着消费者需求的改变继续进行下去。总之，只要消费者产生新的需求，企业就要创新产品，否则就会被消费者遗弃。因此，产品营销离不开产品创新，企业应通过不断满足消费者不同层次的需求来创新产品，不断地提升产品的竞争力。

那么，消费者的需求有哪些层次呢？马斯洛需求理论将消费者需求划分为了以下五个层次：生理需求、安全需求、归属和爱的需求、尊重的需求及自我实现的需求。这些需求是层层递进的关系，第一层的需求被满足之后，就会产生第二层的需求，以此类推。

马斯洛人类需求五层次理论

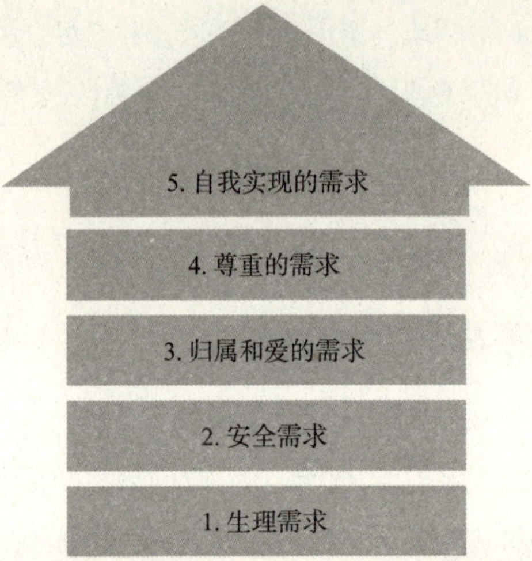

1. 生理需求。基本的生理需求就是通常所说的衣食住行。2. 安全需求。3. 归属和爱的需求。4. 尊重的需求。5. 自我实现的需求，也就是一个人使自己成为自己想成为的那种人。一个人在其他基本需求得到满足以后，自我实现的需求便开始突出。这些需求是层层递进的关系。

在“互联网 +”时代，企业需要重点关注网络消费者的需求，了解他们的需求层次。经过研究，我们将网络消费者对产品的需求划分为了四个层次，即了解产品及服务信息、需要企业协助解决问题、希望与企业人员接触以及掌握产品从研发到营销的全部过程。只有前一个层次的需求得到了最大程度的满足，才能持续地吸引消费者，让消费者产生下一个层次的需求，这样企业才有不断创新产品的机会。

（1）了解产品及服务信息。消费者对某个产品产生消费需求前，肯定要了解产品信息，并从中获得该产品确实能满足其特定需求的信息。

李女士想给三岁的小侄儿送一份生日礼物，便想到了能说会唱的儿童早教机。她希望早教机能唱歌、讲故事、背唐诗、说童谣、录音。她看了很多款儿童早教机，大部分都能唱歌、讲故事、背唐诗，但是内容太少。于是，她就希望找一款容量大的早教机，即使没有 300 首唐诗，至少也得有 100 首经典的。她认真了解各种早教机的产品信息，终于找到了一款内置 100 首唐诗的早教机，尽管产品价格比普通产品的价格贵，但她还是高兴地买下了这款产品。

李女士之所以愿意花更多的钱购买这款早教机，就是因为该产品满足了其特定需求。可见，要想俘获消费者，企业的产品一定要满足消费者的需求。同时，企业应重视产品信息，如果能通过产品信息把产品推广出去，那么企业在进行产品营销时就能少做很多无用功。企业要想满足消费者对产品信息的需求，就需要重视信息的发布方式和发布内容。企业应积极地利用网络发布产品信息，以满足不同区域消费者对产品信息的需求，进而获得更多的消费者、更大的市场。

（2）需要企业协助解决问题。消费者在了解产品、使用产品的过程中遇到问题时，肯定希望企业能够予以解决。企业可以利用微信、QQ、微博等互联网工具，一对一或一对多地与消费者进行沟通，为消费者提供在线解决问题的服务，拉近与消费者的距离。小米在这一点上做得就比较好。例如，一位小米手机用户在微博上说他的小米手机出现“摄像头异常，请重启设备后重试”的故障，还有手机淘宝、微信的“扫一扫”用不了。小米的微博客服看到后，立即进行了回复，告知其将系统升级到最新版本便可解决此问题，并告诉用户详细的操作方法。不到半个小时，该问题就解决了。用户不仅没有抱怨小米手机为自己带来了麻烦，还大赞小米的服务好。如果企业不协助用户解决问题，用户只能选择传统的售后服务渠道，估计好几天也未必能解决问题。这样就会严重影响用户的正常使用，用户又怎么会对企业的产品满意呢？

（3）希望与企业人员接触。消费者在使用产品的过程中遇到了困难，企业的在线服务人员往往无法有效解决。因此，一些消费者就迫切希望与企业的相关负责人、技术人员接触，直接向其咨询问题。同时，企业相关人员与有问题的用户接触，也有助于对症下药，快速解决问题，消除消费者的不满情绪，提高用户的忠诚度。例如，小米会定期举办同城会，满足消费者亲密接触企业人员的需求，为其积累了很多发烧友，并吸引到了很多新用户。

（4）掌握产品从研发到营销的全部过程。现在的消费者对自己需要的产品越来越关注，不仅想详细地了解产品和服务信息，还想了解并参与产品的研发、营销过程。这就是小米一再强调的参与感。企业要想获得这部分消费者，就要千方百计地满足他们的需求，在保证商业机密不外泄的前提下，尽可能为消费者提供与其相关的营销细节，甚至邀请消费者来设计产品、参与营销中的各个环节。例如，海尔邀请消费者设计专属于自己的冰箱，吸引了众多用户的眼球。企业满足了用户掌握从产品研发到营销全过程的需求，就能极大地拉近与用户之间的关系，进而了解到用户的更多需求，获得不断创新的动力。从某种程度上说，用户参与产品研发的程度越高，产品的市场认可度就越高，竞争力就越强。例如，米柚系统的不断成功，就是得益于米粉的积极参与。

上述四个不同层次的需求是递进关系，只有低层次需求得到了满足才会产生高层次的需求。企业只有根据消费者不同层次的需求不断创新产品，才能在市场竞争中立于不败之地。

成功的企业莫不是重视产品研发，并通过不断创新来满足消费者不同层次需求的。华为在手机市场上不断胜出，与其重视产品研发息息相关。华为手机不断推陈出新，极大地满足了用户对智能手机的需求，从而给竞争对手小米造成了巨大压力。华为强大的竞争力正是来源于产品创新。当消费者对智能手机的基本需求得到满足后，又对手机的安全性有了强烈的需求。于是，华为积极地研发具有指纹解锁功能的智能手机，赢得了越来越多的消费者，给了竞争对手重重的一击。

总之，创新才能增强产品竞争力，使产品保持独特魅力，留住老客户，吸引新客户。

第 4 课

严把关：绝不让不合格产品流入市场

俗话说："一粒老鼠屎坏了一锅汤。"三鹿集团因为没有把好产品质量关，让不合格产品流入市场，给消费者带来了无法弥补的人身伤害，最终在众人的声讨声中和法律的制裁下，走上了破产的不归路。因此，企业一定要严把产品质量关，绝不能让不合格的产品流入市场。

从源头把关，严格控制产品质量

产品质量不过关，轻者会让企业的品牌形象一落千丈，重者会让企业家身败名裂、企业破产。因此，企业一定要从产品源头开始把关，严格控制产品质量。那些快速成功的企业，莫不是在产品源头就做到了严格控制产品质量。

经历了数次工业革命，钢板行业发生了翻天覆地的变化，钢板企业的竞争压力越来越大。在这样的环境中，新日铁热轧钢仍在众多的热钢板中脱颖而出。新日铁热轧钢能够快速成功，与其严格把关产品质量密切相关。

新日铁引进了 SAE1010 热轧钢板，即新日铁热轧钢，其制作复杂，需经历数道工艺流程。但是，新日铁仍对每一道工艺都进行了严格的质量把关，从源头上为产品质量打下了坚实的基础。

新日铁从源头严把产品质量关，使其实现了过硬的产品质量，赢得了越来越多的客户的好评，在市场中显示出了超强的竞争力，成为了我国优秀的热轧钢板之一。可见，企业严格控制产品质量，就能增强产品的竞争力，进而赢得更大的市场。

俗话说："常在河边走，哪能不湿鞋。"如果有不合格的产品流入市场该怎么办？企业是放任自流，还是采取积极的应对措施呢？我想大多数企业会采取积极的应对措施，第一时间停止生产和产品，并召回市场上的产品。

海尔刚开始生产的冰箱很粗糙、有缺陷，张瑞敏坚持质量第一，严格控制产品质量，坚持不懈地抓质量问题，为海尔成长为国际品牌打下了坚实的基础。

1985 年，张瑞敏刚来到海尔（那时叫青岛电冰箱总厂），他的朋友想买一台冰箱，便来找他（那时候冰箱很少，一般人买不到）。他便让朋友在仓库里挑选。结果，朋友挑出很多有缺陷的冰箱，最后勉强拉走了一台。朋友走后，张瑞敏立刻和员工一起检查仓库里所有冰箱的质量，检查完，他直冒冷汗。仓库内总共有 400 台冰箱，检查出 76 台有缺陷。他立刻召集所有职工开会，讨论怎么处理这 76 台有质量问题的冰箱。大部分人建议便宜卖给内部职工。当时冰箱的价格为 800 元，相当于普通职工两年的收入。张瑞敏听完大家的意见，严肃地说："我今天听取大家的意见卖掉这 76 台冰箱，就意味着我允许大家明天再生产出 760 台有质量缺陷的产品。"然后，他郑重其事地对所有职工说："砸掉这些有质量缺陷的冰箱，谁干的谁来砸。"他亲自带头拿起大锤砸了一台冰箱。其他职工看了，含着眼泪砸烂了有缺陷的冰箱。大家砸完冰箱，张瑞敏对大家说："质量不合格的产品就是废品。"严格把控产品质量让海尔冰箱蒸蒸日上，三年后摘获中国冰箱行业的第一块国家质量金奖。

可见，创业者只有从源头把住产品质量关，才能生产出合格的产品，让产品在市场中独树一帜，最终赢得消费者的好评，在市场中站稳脚跟。

用挑剔的眼光看待产品生产

产品不合格会给企业造成巨大的损失，甚至会令企业一蹶不振。严重的话，不仅会给用户带来财产损失，甚至会带来生命危险。

因此，企业要严把产品质量关，一定要确保产品质量合格再上市。这就要求创业者要重视产品生产，并用挑剔的眼光看待产品生产。

小米的创始人雷军曾说，小米要向同仁堂学习，做产品要真材实料。众所周知，同仁堂是一家百年企业，它的成功就得益于重视产品生产。同仁堂始终遵守一个原则："炮制虽繁必不敢省人工，品味虽贵必不敢减物力。"

乳业集团蒙牛之所以能快速做大，其中的一个重要原因就是重视把关产品源头，坚持不懈地用挑剔的眼光看待产品生产。

蒙牛在发展之初就很重视产品质量，尤其是在 2008 年夏季生产冰淇淋的时候，蒙牛将把好质量关提上了企业的议事日程。这让质检分中心的实验室变得忙碌起来。因为产品生产过程中的工序增多了。蒙牛乳业马鞍山分公司不仅提出了“不让一件不合格产品流入市场”的口号，并且明确规定，在产品进入市场之前，必须要接受一道严格的审控程序检验，即样品检验。

样品检验要求特别严格，近乎挑剔。检验师接到样品，首先进行样品对样，确认样品正确之后，给样品编号，接着在无菌试验室进行检验。检验完毕，检验师需要用肥皂和清水再次清洁双手，甚至用氧乙酸液浸泡双手。这样做就是为了让产品检验结果更加准确。这道严控程序说起来简单，但是操作起来很复杂。操作过程中，质检师会用极其挑剔的眼光，并且每一次检验都要严格执行程序，即使是重复检验也不能省略任何步骤。

由于检验师严格执行产品检验，蒙牛乳业马鞍山分公司的产品接受当地质监局的检验时，每次都能顺利通过，从来没有被检出不合格的产品。质检员的这种一丝不苟的态度，确保了产品质量，同时为公司树立了产品质量过硬的好形象，赢得了广大消费者的青睐。

企业只有用挑剔的眼光看待产品生产，才能生产出极致的产品。众所皆知，小米在竞争异常激烈的手机市场中一炮走红，可以说是一个奇迹。小米首战大捷，就是得益于产品质量过硬。雷军创办小米的时候，就认识到了产品质量的重要性。小米团队在手机材料的选择上一直严格要求自己。雷军曾说：“我们做产品的材料，要全部用全球最好的。”于是，他们想方设法地说服优秀供应商为自己提供手机配件。功夫不负有心人，最后小米找到了顶尖屏幕供应商夏普为自己提供屏幕；顶尖处理器供应商高通为自己提供处理器；顶尖组装商富士康为自己组装手机。

用这些材料生产出的手机几乎可以与苹果手机相媲美，而售价仅有 1 999 元。于是，小米手机一上市就获得了消费者的追捧。正是因为第一款手机质量过硬，为小米树立了好口碑，让小米手机在国内手机市场上所向披靡，迅速成为了领导者。

无论是创业者还是成功的企业家，一定要记住，产品质量是企业发展的保障。做不出好产品，消费者可以包容你、等待你；如果让不合格的产品流入市场，危害消费者，企业就要付出巨大的代价，甚至导致破产。

Part2

市场营销：创业者要学会把钱花在刀刃上

俗话说：“好钢要用在刀刃上。”合理利用手中有限的资源，把每一样东西的作用都发挥到极致，就能以最少的投入获得最大的回报。在市场营销方面，创业者一定要学会把有限的钱花在刀刃上。

第 5 课

定方案：做最好的准备，做最坏的打算

古人云："凡事预则立，不预则废。"这句话的意思是说，无论做什么事，预先做好准备，才能获得成功，不然就会失败。做市场营销也不例外，创业者只有准备充分，才有更大的胜算，切忌打无准备的仗。在市场营销过程中，创业者的准备工作主要就是制定营销方案。但是，创业者制定好营销方案并不意味着一定能成功，由于市场竞争环境复杂，因此创业者在营销方案中不仅要做最好的准备，还要做最坏的打算。

拟订营销方案时，创业者要把握三项原则：选择好项目，不做微利产品；选择好进入市场的时机；精选方案，而非多多益善。

选择好项目，不做微利产品

创业者都想选择一个好项目，都想做利润高的产品。资金不充足的创业者更要努力选择好项目，不要做微利产品。

有人说："选择比努力更重要。"你的选择往往决定了你的前进方向，如果方向正确了，就会离目标越来越近；如果方向错误，就会南辕北辙，使你离目标越来越远。

其实，创业者都想找一个好项目，然而面对众多创业项目，他们往往很苦恼，因为他们不知道如何才能选出一个好项目。

史玉柱是浙江大学数学系高材生，毕业后就被分配到了统计局上班。史玉柱在自己的岗位上业绩突出，于是被单位推荐到西安统计学院深造。很幸运，他在这里遇到了一位来自美国的教授。受到这位教授的影响，史玉柱对计算机产生了浓厚的兴趣，并对计算机有了进一步的了解。

回到统计局之后，史玉柱便开始研究计算机编程，并编写出一个统计分析软件。这个软件很实用，受到了领导的重视。很快，国家统计局就要求全国各地的农村抽样调查都用此软件。史玉柱认定计算机是一个很有发展前景的创业方向。经过再三思考，史玉柱决定放弃稳定的工作，辞职创业。他选择了自己熟悉的计算机领域的创业项目——汉卡。凭借深厚的数学基础，史玉柱编写汉卡可谓轻车熟路，很快他就推出了第一代汉卡M-6401。由于当时国内的汉卡市场还是一片蓝海，史玉柱研发的汉卡很快就获得了大量市场份额。短短半年，他研发的汉卡就获得了16万元的销售额，8个月就突破了100万元。

由于选对了项目，史玉柱很快就获得了第一桶金，为他后来的事业打下了坚实的基础。我们从史玉柱此次创业经历可以发现，他对计算机领域比较熟悉，当时的汉卡市场竞争力度很小，并且利润丰厚。也就是说，史玉柱第一次创业就选到了好项目，选到了利润丰厚的产品，成功当然就是预料之中的事。

由此可见，创者选择创业项目需要遵循两个基本原则：选择自己熟悉的领域；选择利润大的项目。

因此，我们建议创业者避开微利产品。微利产品市场竞争更激烈，产品利润低，如果选择做微利产品，就会加大创业难度。创业者一旦选择了微利产品，为增加利润，往往会大幅削减产品成本预算。这样做的结果必然是产品质量大打折扣，使消费者利益受到损害。而能够做出“低成本、高质量”产品的企业屈指可数，大多数企业在成本与质量上往往不能兼顾，进而追求低成本而牺牲产品质量，这样就会令其本来薄弱的品牌形象进一步受到削弱，失去消费者的信任，阻碍企业的长远发展。

微利产品有四个明显弊端：（1）微利产品对企业的管理层要求很高，而创业公司往往在管理方面比较薄弱；（2）企业做微利产品，就会处心积虑地压缩生产成本，导致产品质量降低；（3）微利产品的服务往往很差，甚至空白，因为服务并不能直接创造利润，而是需要产品的利润来维持运转、执行；（4）微利产品几乎创造不出较多的利润来支持产品的研发、创新。

因此，创业者一定要有磨刀不误砍柴工的心态，肯花时间研究项目，谨慎地选择创业项目。可以说，创业者的选择决定了创业的成败与发展高度。

选择好进入市场的时机

人不能创造时机，但是可以抓住那些已经出现的时机。时机对于做任何事情都很重要，选择好时机是获得成功的基础。创业者做市场营销时也一样，选择好进入市场的时机，就能快速打开市场，获得更多的客户。

纵观那些快速成功的创业者，莫不是掌握了进入市场的好时机。在饮用水领域创业的创业者层出不穷，然而大部分人都失败了。在这样的市场环境中，有一家饮用水企业却迅速获得了成功，成为了高端饮用水市场中的一匹黑马，它就是恒大冰泉。

恒大冰泉凭什么做几个月就超过了那些老牌的竞争对手，抢了他们的风头？其原因就在于恒大冰泉选择了进入饮用水市场的好时机。

一般人认为中国的饮用水市场已经饱和了，高端的有西藏 5100、昆仑山雪山矿泉水、依云等知名品牌，中低端的有娃哈哈、农夫山泉、康师傅等品牌，留给恒大的机会确实不多。然而恒大却独具慧眼，认为饮用水市场的大好时机来了。纵观饮用水市场的发展历程，大致经历了三个阶段：第一阶段是以适应需求、激发需求为主的“便捷水时代”；第二阶段是以满足需求、实现需求为主的“安全水时代”；第三阶段是以创新需求、挖掘需求为主的“健康水时代”。恒大进入市场的时间是饮用水市场发展的第三个阶段，此时也正是天然矿泉水发展的最好时期。相关研究数据显示，截至 2014 年 6 月，矿物质水市场占有率同比减少 22%，而矿泉水市场占有率则同比增加 100%。这表明消费者越来越认可、喜爱天然矿泉水。恒大此时推出长白山天然火山矿泉水，正中消费者下怀，时机掌握得恰到好处。

恒大选择好进入饮用水市场的时机，并借助恒大足球队亚冠决赛一战成名。短短半年时间内，恒大冰泉在全国饮用水市场中的销售份额增长率位居行业第一，成为了国内饮用水市场中最耀眼的新星。

俗话说：“谋事在人，成事在天。”这句话其实就是强调时机的重要性。要想创业成功，就要努力选择合适的进入市场的时机。然而，捕捉合适的进入市场的时机是很困难的，因为项目成功需要的条件往往快速变化着，市场每时每刻都在变化。因此，创业者要学会蓄势待发，早做准备，时刻观察市场变化，捕捉好时机。因为机会只垂青有准备的人。

精选方案，而非多多益善

在面对问题的时候，针对不同的情形，我们往往会制定不同的应对方案。制定多种方案，往往是因为不能准确地判断现场情况。

在铜雀台大会上，曹操让他的儿子以铜雀台为题作文章。思维缜密的曹丕，先谦虚地向谋臣了解了曹操举办铜雀台大会的意图，原来是为了试探文臣武将们到底是劝进还是拥护汉室。曹丕为此准备了两篇文章，一篇是劝进的，另一篇是拥护汉室的。在铜雀台大会上，曹丕了解到大家大部分都拥护汉室，于是就朗诵了那篇拥护汉室的文章，从而得到了更多拥护者。如果曹丕只准备一种方案，就有可能失去人心。同时，如果应对方案太多，就会花费过多的精力。

做市场营销也一样，创业者应结合用户需求与市场形势制定几种方案，这样才能赢得用户的心，进而打开市场。进行市场营销时，创业者也要制定多种方案，以应对市场形式、消费者需求的变化。一般市场营销活动的现场会有意外情况发生，这就需要创业者把预料到的情况都考虑进去，精选几种情况并制定方案。在实际过程中，针对每一种情况都制定一种方案并不现实，首先是没有那么多的人力、财力，其次是没有那个必要。因此，创业者制定营销方案时要遵循一个基本原则：要精选方案，而非多多益善。

为了节省精力与投入，以便得心应手地应对市场中的复杂情况，建议创业者制定两三种方案。下面以淘宝店铺营销方案为例加以说明。

淘宝店铺要正常经营，离不开三个关键因素：产品、营销和客户。

（1）产品。要做好淘宝店铺，就要做到产品好、货源充足，还要图文并茂地展示出来。一般淘宝店铺达到了前两个要求，但是第三个要求未必能达到。在产品方案中我们要解决产品包装的问题。用户对产品的第一印象往往来自产品图片，因此产品的图片效果要好。要确保良好的图片效果，就要拥有优良的拍摄设备，且拍摄出的图片尺寸以 480×480 像素为宜，这样才能充分展示出图片效果，吸引用户的眼球。此外，要注重用文字描述产品卖点，包括产品的材料、颜色、尺寸、参数标准，最好加入故事情节（有模特效果更好）。

（2）营销。店铺营销涉及店铺装修。用户喜欢新鲜，商家的店铺经常装修，就能吸引用户经常光临。店铺装修之所以能吸引用户，是因为它能够让客户产生信任感，即利用视觉效应提升营销效果。

店铺装修主要有两种形式：一是旺铺，就是淘宝内部的店铺展示；二是拓展版网店，就是对外的店铺展示。创业者一般会将两种形式结合起来使用。旺铺是以图片展示店铺，图文并茂，多用“促销”“包邮”“特价”“秒杀”等字眼，并在与用户的交流中宣传这些信息，从而提升店铺的影响力。拓展版犹如个人或店铺建立的一个站点，对外宣传效果好，对淘宝内部的作用很小。

（3）客户。很多淘宝店主忽视了客户，而事实上，客户对店铺发展是至关重要的。众所周知，淘宝上的商品多如牛毛，店铺也不计其数，只有你的产品、店铺赢得用户的认可，才能被用户收藏，用户需要的时候就会快速找到你的店铺，进而购买你的产品。因此，店主要多替客户着想，多关心客户，为用户提供贴心服务。例如，在客户生日时向其发祝福语，主动邀请客户参加会员日、促销等活动。这样做就能获得客户的口碑传播，为店铺带来源源不断的新客户，获得更好的营销效果。

同理，其他项目的营销方案，精选几种去做即可，无需面面俱到。创业者通过精选方案往往可以获得事半功倍的营销效果。

第 6 课

找目标：第一时间抓住潜在客户

产品只有得到消费者的认可，才能实现其商业价值。如何让产品快速得到市场的认可？这就需要企业进行市场营销。市场营销的首要目标是为产品寻找潜在客户。找到潜在客户，企业所进行的市场营销就有了针对性。

俗话说："众口难调。"企业很难满足所有消费者的需求，因此努力满足目标消费者的需求就足够了。市场营销其实就是针对企业的目标用户群体运用营销策略的过程。

一定要知道谁会为你的产品买单

相关调查显示，企业销售出去多一半产品的时候，往往会发现真正为企业带来丰厚利润的客户并不多，并且每一位客户给企业带来的利润多少是不相等的。企业不应该把市场营销投入平均分摊到每一位客户身上，而应该把有限的资金、精力放在关键客户身上。因此，企业在进行市场营销的过程中，一定要识别出潜在用户、目标用户，一定要知道谁会为你的产品买单。这样才能把钱花在刀刃上，以最少的投入获得最大的回报。

企业首先要寻找目标客户。目标客户只有被不断地引导才会购买企业的产品。企业只有把需求量大的消费者作为自己的目标客户，才能获得更多的利润。哈佛大学的市场研究者对此做过专门研究，得出一个结论：赢得一个大量使用者所获得的销售额是很多个普通使用者的总和。

可见，大量购买产品的客户才是企业的目标客户。营销界有句名言："你一定要知道你的产品是什么，卖给谁。"这句话也指出了营销的流程，即先了解消费者，然后定位产品，这样在营销过程中才能有的放矢。

创业者胡丹创办了"买单侠"（一款移动信用金融服务产品），获得了迅速成功。这得益于他和他的团队找准了目标用户。

胡丹很早就有创业的想法，只是没有找到合适的时机，后来到红杉工作了三年，并担任了红杉副总裁。当互联网金融蓬勃发展之时，胡丹毅然辞职开始在互联网金融领域创业。胡丹在创办"买单侠"之前就潜心研究了移动消费金融服务，发现传统信用卡很难覆盖到二三线城市的蓝领群体，并且蓝领分期也比较难做。他发现消费金融服务很有发展前景，于是深入市场，研究消费金融的用户。胡丹采访了很多消费者，最后发现无法办理信用卡的二三线城市的蓝领人群迫切渴望消费金融服务。对于二三线城市的蓝领人群来说，他们每月拿着不高的固定工资，有时候需要购买数千元的手机，往往拿不出那么多钱，他们也没有信用卡，导致无法购买。他们迫切希望获得分期付款的消费金融服务。于是，胡丹就和他的团队成员为二三线城市的蓝领人群研发了针对线下 3C 门店的分期付款服务。"买单侠"使用方法很简单，消费者只需在销售员的手机上上传自己的身份证和工资卡，就可以享受分期付款服务。例如，二三线城市的蓝领想购买一部 3 000 元的手机，只需要支付首付 600 元，剩余的货款在接下来 12 个月内分期还清即可，即以后每个月还 200 元。很显然，这项服务大幅减轻了蓝领的消费压力，又不影响其正常生活。

胡丹于 2014 年推出“买单侠”，2015 年，“买单侠”新客户数量月增长率保持在 50% 以上，曾创下了连续三个季度收入增长率高达 460% 的纪录。截至 2015 年年底，“买单侠”每月分期付款金额已经接近 2 亿元。胡丹因此荣获 2015 年度中国创客奖杯。

由此可见，创业者只有先了解目标消费者，才能进行精准的市场营销，获得事半功倍的营销效果。反之，再多的营销投入都会打水漂。巨人集团创始人史玉柱淘到了创业的第一桶金后，在不了解目标消费者的情况下投入巨资打广告，结果不仅没有获得回报，还让企业一蹶不振，最终导致巨人集团破产。

巨人集团刚开始推广汉卡时获得了非常好的营销效果。史玉柱在《计算机世界》上花了 4 000 元做广告，短短一个月就带来了 10 万元的收益，仅两个月就让他成为了百万富翁。于是，史玉柱就盲目地认为广告是万能的。接下来，他不惜巨资砸广告，仅七天就砸下了 5 000 万元，令业界为之震惊。但结果却是，知名度和关注度不错，但是广告效果几乎为零。后来史玉柱分析了原因，原来是他们的营销团队因为不知道谁是目标消费者，所以不知道怎么向消费者推销。因为盲目进行营销，使巨人集团一蹶不振，两年之后就破产倒闭了。

发现并满足消费者的需求

创业者进行市场营销，就是为自己的产品找到目标客户。如何才能让自己的产品得到用户的认可是所有创业者都关心的问题。如果创业者不知道做什么产品，那么不妨去问问自己的消费者。

企业只有以消费者的需求为原点，才能占领更大的市场。海尔在生产电冰箱时，时刻以消费者为中心，以消费者的需求和欲望为原点，并千方百计地满足消费者的需求，从而吸引到了海量客户。

海尔冰箱是全球家电业的龙头企业，也是无数竞争对手要赶超的对象，它所面临的竞争压力之巨可想而知。然而，海尔并没有把这种压力放在心上，而是坚信："离用户最近，就能离竞争者越远，就能把竞争者甩得远远的。"海尔从来不把精力放在竞争对手身上，而是时刻把眼光放在用户身上，时刻关注用户的需求，并根据用户的需求创新产品。

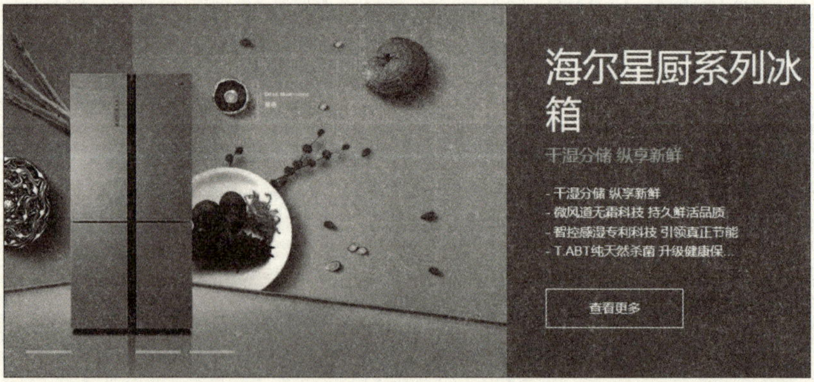

海尔开始生产冰箱的时候（20 世纪 80 年代），国内的商品还不丰富，过年过节时单位发放的礼品，职工一般都舍不得一下子吃完，往往会储

存三个月甚至半年才会吃完。于是，人们就希望有一个大容量的冰箱，并拥有速冻功能。海尔发现了人们的需求，生产了拥有速冻功能的大容量冰箱。随着人们生活水平的提高，大部分消费者开始喜欢新鲜食物，已经不喜欢在冰箱里储存大量水果、蔬菜、肉等。而且生鲜市场也逐步发达起来，人们只要有时间买菜，就可以即买即吃，用不着速冻容量大的冰箱。而一部分没有多少时间买菜的人，总是一次买一周的菜，他们希望自己买回家的食物保持新鲜。海尔发现了消费者对冰箱需求的变化后，便据此来创新产品，从而研发了软冷冻冰箱，即拥有保鲜功能的冰箱。此产品一经推出，就吸引了国内外用户的关注，并获得了客户的一致好评、同行由衷的佩服。

海尔集团董事长张瑞敏曾说："企业的产品如果被市场很快淘汰，原因有很多，可能是产品问题，也可能是消费者的文化原因，也可能是地区差异的原因。但是归根结底是因为产品不能满足消费者的需求和欲望，营销者没有精准掌握到消费者的需求和欲望。"

企业要想发现和满足消费者的需求，首先要重视消费者；其次要进行市场调研；然后要以消费者的身份检验产品；最后要以消费者的身份与顾客进行交流。

（1）重视消费者。创业者无论采用什么样的营销方式，营销的原点都不会变，那就是消费者。如果偏离了这个原点，那么产品的研发、品牌的定位、市场的开拓都会逐渐偏离正确的发展方向。众所周知，如果前进的方向不正确，那么走得越快就会离目标越远。因此，创业者要避免犯这样的错误，时刻以消费者为中心。

（2）进行市场调研。创业者要想知道产品是否被消费者认可、是否具有市场竞争力、能否在市场中获得一席之地，就要进行市场调研。了解消费者对产品的需求、反馈，才能有针对性地、及时地调整产品的营销策略。史玉柱做保健品大获全胜，与其充分的市场调研密切相关。通过市场调研，史玉柱研发出来的“黄金搭档”在保健品市场中杀出一条血路，迅速地站稳了脚跟，并创下了一款保健品畅销十余年的纪录。

（3）以消费者的身份检验产品。创业者没有使用过自己的产品就向消费者推销，是不负责任的表现。创业者要想把自己的产品顺利地营销出去，一定要亲自使用自己的产品，了解自己产品的优势和缺点。雷军曾说：“如果你自己对产品不满意，怎么能向用户推广呢？”事实上，雷军一直把自己定位为产品经理，还把自己当作小米手机的消费者，亲自去体验小米的产品，从中找到不足并及时地调整。这样做的结果就是大大提高了消费者对小米产品的认可度，小米每一款新产品都获得了喜人的营销效果。

（4）以消费者的身份与顾客进行交流。创业者深入消费者群体之中，就能快速地获得消费者对产品的反馈，找到营销的漏洞，快速地调整营销策略，满足用户的需求。史玉柱研发《征途》的过程中，花了近4 000个小时与2 000名玩家进行了交流。在交流过程中，他发现大部分玩家需要通过游戏释放情绪。史玉柱还规定了自己每天要交流的玩家数量。他每天在线长达15个小时，并不是与玩家闲聊，而是以玩家的身份找产品的不足，并不断改进，这为《征途》走红游戏市场铺平了道路。

第7课

做广告：花最少的钱做最有效的宣传

如今，产品同质化现象比较严重，琳琅满目的产品令消费者眼花缭乱。好产品固然重要，但只有被消费者认识、记住，才能转化成利润。因此，企业一定要想办法宣传自己的产品，把产品推送到消费者眼前。要宣传产品，大多数企业第一时间会想到做广告。广告是产品打开市场的重要手段之一，而做广告往往需要投入大量资金，对于资金匮乏的创业者来说，做广告的风险很高。很多企业投入大量资金做广告，最终连广告费也赚不回来。但是，创业者要想把产品推广出去，又少不了广告宣传。因此，创业者做广告时一定不能盲目，要时刻告诫自己：花最少的钱做最有效的宣传。

狂轰滥炸的硬广也会产生效益

企业营销离不开广告。企业要想让更多的消费者了解企业的产品，就要推广产品，而成功的广告能够把产品快速地推到消费者面前，被消费者记住。企业做广告的基本目的就是让目标用户记住企业的品牌和产品。狂轰滥炸式的硬广往往能够快速地占据目标群体的心，深深刻在目标群体的脑海中，牢牢吸引消费者的眼球。

硬广是一个专业术语，经常看电视的消费者很容易就能看到各家企业的硬广。我们在报刊、杂志、电视、广播等媒体上看到或听到的那些宣传产品的广告就是硬广。财力雄厚的企业往往会不惜巨资做硬广，因为硬广具有传播速度快、效果好、覆盖人群广的显著优点。

企业的硬广要想获得良好的效果，首先要准确定位产品，如史玉柱一开始就明确脑白金的定位是礼品市场。其次，广告投放要充分利用沸点效应。拿破仑有句名言："胜负决定于最后 5 分钟。"还有一句谚语说："压死骆驼的最后一根稻草。"这些都说明沸点效应很重要。广告投放非常需要一个沸点，一旦达到沸点，即使不大的火力也可以让水保持沸腾的状态。企业在投放广告的过程中，要想达到沸点，重复的频率要高，这样广告才会快速地深入消费者心中。那些令人印象深刻的硬广，往往会反复重现。例如，恒源祥曾做了一个硬广，长达一分钟的时间都在重录"羊羊羊"这句广告语，这则广告似乎在考验观众的忍耐力，但恒源祥的知名度迅速传遍全国。后来，恒源祥的董事长回应道："不反复出现，大家记不住我们。"一语道破了广告的本质——让消费者记住。

知名企业无不重视硬广，很多创业公司就是通过硬广将自己的品牌快速地推向了全国，把自己的产品推送到了越来越多的消费者眼前。例如，加多宝一推出，就在热门综艺节目《中国好声音》上做冠名广告。

第一届《中国好声音》，加多宝最终以 6 000 万元获得《中国好声音》冠名权。当时《中国好声音》刚有雏形，而加多宝以 6 000 万元冠名一个前途未卜的节目，被业界称为一场“豪赌”。

出乎意料，《中国好声音》播出之后，不断受到观众的好评。观众的口碑传播让《中国好声音》人气飙升，似乎不看《中国好声音》就落伍了。于是，好些人不仅观看《中国好声音》，还在茶余饭后议论《中国好声音》，并且在社交媒体上不断地传播《中国好声音》。在网络上，产生了一个关于《中国好声音》的有趣段子：“哈林是来做主持的，杨坤是来做宣传的，那英是来唠嗑的，刘欢是来开家长会的，华少（主持人）就是来卖凉茶的。”

《中国好声音》播出不久就火了，让观众印象最深刻的不仅有绝妙的音乐，还有节目中无处不在的加多宝凉茶冠名广告——“正宗好凉茶，正宗好声音”。加多宝这场 6 000 万巨资冠名的“豪赌”，在短短四周之内就已经稳赚不赔了。在人气不断飙升的《中国好声音》节目中，主持人华少嘴里念出来的加多宝广告语，犹如复读机一样，再配合屏幕下方不断闪烁的加多宝饮料瓶，让消费者想不记住都难。加多宝品牌赚足了观众的眼球，并火速在饮料市场中脱颖而出，快速成为了凉茶市场的领导者。

如今，狂轰滥炸的硬广凭借传播速度快、见效快等特点，已成为大部分有实力的企业的首选。因为与收益相比，它们能够获得更突出的宣传效果。

选择最佳的广告投放平台

广告对于企业的市场营销非常重要。要投放广告，就要先选择合适的投放平台。广告投放平台除了传统的报纸、杂志、广播、电视，还有一些新媒体平台，如微博、微信、搜索引擎、门户网站、论坛等。面对越来越多的广告投放平台，企业需要根据产品选择最佳的广告投放平台。很多企业并没有那么多钱在所有广告投放平台上做广告，也没有那个必要，只有把钱花在刀刃上，才能获得最大的回报。

大多数企业都会做广告，很多企业在各类广告投放平台上做了大量的广告推广，但效果却很差，甚至连广告费用都赚不回来。其广告投放之所以失败，不是因为投放力度不够，而是由于广告投放平台选择不当。

在广告投放平台的选择上，企业既可以结合自身特点自主选择广告投放平台，也可以委托专业的广告公司。无论企业选择哪一种方式，都会因为广告的种类和技术特性，在策划和落实过程中遇到各种情况。要克服这个问题，企业就要重视广告投放效果，认真比较广告费用和广告效果，如果一定时期内固定的广告费用能带来更多的销售额，说明广告投放效果好。一般用销售额除以广告费用来衡量广告投放效果，两者的比值越大，说明广告投放效果越好，反之则越差。

当然，企业不能只在一个广告投放平台上做广告，应根据自身特点选择几个合适的广告投放平台。企业常用的广告投放平台有以下四种。

（1）电视类广告投放平台。这类广告投放平台最显著的优点就是可以展示声色俱佳的内容，而且内容含量大、传播速度快、覆盖范围广。对于资金雄厚的企业来说，此类平台是市场推广的有力武器。那些在市场上已经打响名气的企业，如果想快速把新产品推广到市场中，可以选择标准的电视商业广告。

但是此类平台也存在劣势，那就是广告投放费用昂贵，广告制作难度较高。大多数资金不充裕的创业公司往往只能望洋兴叹。

（2）平面广告投放平台。平面广告投放平台就是我们通常所说的杂志、报纸等媒体。这类广告投放平台的优势是可以把产品准确地传播给目标消费者。由于发行量大、受众数量多、用户获得渠道简单，所以平面广告投放平台是宣传企业品牌的不错选择。以杂志为例，《知音》《读者》《家庭》等具有较大影响力，用户可以方便地在报亭、地摊上看到。

平面广告投放平台的劣势就是有效期短，需要企业持续投放，因此费用很高。因此那些广告预算有限的企业，最好不要选择平面广告投放平台。平面广告投放平台只对重大市场活动奏效，因为重大市场活动看重的是短期促销效果。

（3）户外广告投放平台。此类广告投放平台的广告费效比相当高，其特点是宣传时效长，能够使某个地理位置的人流不自觉地观看。它的优点是比较容易计划和估算目标受众效果预测指标、广告的覆盖区域。对于区域性敏感的企业品牌而言，户外广告投放平台是非常有效的。

（4）网络广告投放平台。此类广告投放平台的优点是广告的画面、动作等内容都可以做得很精彩。但是任何事物都有两面性，技术性是一把“双刃剑”，过于花哨的广告，会让消费者眼花缭乱，干扰度很高。此外，网络广告投放平台的费用也不低，尤其是门户网站。例如，在新浪网做广告推广，其首页 100×100 的按钮广告报价为 70 000 元 / 天。

每一位创业者都要根据自身的产品特点来设定广告投放平台的优先次序，并选出最合适的一个，这样才能大幅提高广告投放的效果。

第 8 课

巧策划：公司业绩都是筹划出来的

营销界常说："策划决定成败"，可见策划对于市场营销的重要性。创业者巧妙地策划营销方案，才能获得四两拨千斤的营销效果。好业绩往往与策划有着密切的关系。纵观那些成功的营销活动，无不是精心筹划出来的。

一个好的策划，能创造意想不到的价值

好的策划能够吸引用户的眼球，能够获得事半功倍的营销效果，可以有效提升市场占有率。市场占有率直接影响着企业获取的利润。产品的市场占有率越高，意味着企业可以获得更多的收益。因此，创业者应精心策划，努力拓展市场，提升产品的市场占有率。

有一家百货店为了扩展市场，便精心策划了一则广告——"除了老

婆，我们什么都卖”。这则笑点十足的广告吸引了许多人的眼球。看到的人往往会哑然失笑，然后忍不住好奇地到店里逛逛。于是，它吸引了一批又一批的消费者涌入店铺。因为店内的产品种类齐全，进去的人大都能找到自己需要的东西，并满载而归，于是该店的名气越来越大。

一个好的策划不仅能为企业开拓更大的市场，带来丰厚的回报，还能为企业创造意想不到的价值。创业企业若不重视策划，就很可能会导致产品营销、市场营销陷入困境。

学会事件营销，不放过每一个热点

创业者不可忽视事件营销，因为事件营销具有传播力强的优势。可口可乐策划了“歌词瓶”活动，受到了用户的喜爱。没过多久，不少网友就在自身的社交平台上晒起了有意思的可口可乐“歌词瓶”。毋庸置疑，这让可口可乐再次提升了品牌形象。韩寒拍摄《后会无期》的时候，转发网友称自己为“岳父大人”的微博，获得了“国民岳父”的称号，很快走红社交网络，并引发网友发起“国民岳父韩寒”的微博话题，该话题的阅读量高达 121 万，讨论量突破 10 万，从而帮自己的电影处女作《后会无期》吸引了成千上万的“80 后”观众；韩剧《来自星星的你》在中国很火，网络点击率突破了 10 亿，其热点有“教授依赖症”“炸鸡和啤酒”等。因此，创业者一定要学会事件营销，时刻观察热点事件，结合热点事件巧妙策划，这样往往能获得超出预期的营销效果。

事件营销是指企业通过策划、组织和利用具有新闻价值、社会影响以及名人效应的任务或事件，吸引媒体、社会团体和消费者的兴趣与关注，以求提高企业或产品的知名度、美誉度，树立良好的品牌形象，并最终促成产品或服务的销售手段和方式。

事件营销具有以下四个特点。

（1）投入低，回报高，收益率高。众多企业营销案例表明，好的事件营销在资金投入、知名度的提升、回报率等方面明显优于其他方式。

（2）具有超强的渗透性。与其他传播活动相比，事件营销的渗透性更强大。例如，“反手摸肚脐身材好”成为了社会热点，并引发了全民通过反手摸肚脐来晒身材的热潮，短短几天，与“反手摸肚脐”有关的话题阅读量已经达到了数亿。其实，“反手摸肚脐身材好”活动是一家比较知名的微商企业为了推广自己的某款健康饮品而精心策划的。不料这个活动给大家带去了很多乐趣，吸引了大量人群参与，走红大江南北。

（3）可以避免媒体多元化造成的信息干扰。营销人士都知道，信息传播过剩和媒体多元化会造成信息干扰，从而降低传播效果。而事件营销能排除这种干扰，快速地吸引用户的“眼球”，使企业的品牌、产品等信息得到高效传播。

（4）集公共关系、形象传播、广告效应及新闻效应于一体。事件营销通过整合顾客、企业、社会等各种资源制作吸引众多媒体和人群的新闻，借助新闻实现口耳相传的广告效应，最终达到广泛传播的目的。

凸显产品亮点，让用户过目不忘

很多营销策划方案的标题亮点十足，令人忍不住点击并阅读内容。“走进小米——营销还是赢销”“红包体验后的秘密”“京东的自建物流帝国”“别样的味道——谁懂牛腩”“马佳佳 powerful 还是泡否”，看到这些标题，你会打开阅读吗？我想大部分用户会被这些标题所吸引，即使不点击阅读也会在脑海里留下印象。在产品营销策划过程中，企业也应该千方百计地凸显产品亮点，给用户留下深刻的第一印象。

有一位营销人士曾说：“只有华丽的外表，才能让人发现你真正的内涵。”的确如此，只有美丽的风景才会使人停住脚步。在人群中，亭亭玉立、穿着时尚、容貌美丽的美女往往能被大众快速记住。试想，我们乘坐列车在漆黑的夜里行驶，最早进入我们眼帘的会是什么呢？想必大家会异口同声地说：“灯光”。灯光是漆黑的夜里的亮点，最容易被人们的目光捕捉到。

创业者在策划方案中不仅要凸显产品亮点，还要努力展示更多亮点。面对多个亮点，创业者应尽可能分出这些亮点的优先顺序，力求有条不紊地把各个亮点展示给用户。想当初，小米手机 1 的发布会上就展示出了很多产品亮点：顶尖的屏幕（夏普、东芝）、顶尖的处理器（高通）、顶尖的组装商（富士康）、高性价比、仅售 1 999 元、手机控研发的智能手机等。这些亮点让小米手机 1 一炮走红。到了小米手机 4 的时候，雷军的营销策划方案仍然是凸显产品的亮点。

2014 年 7 月 22 日，小米手机 4 的发布会在北京国家会议中心举行，吸引了来自全国各地的几百家媒体、近千名米粉来到现场。

在发布会上，雷军带来了两款小米新品，一个是大家期盼已久的小米手机 4，另一个是小米手环。与现场观众进行互动之后，雷军展示了米粉、媒体期待已久的小米手机 4。小米手机 4 除了采用顶级的硬件配件——高通骁龙 801 处理器、高性能前后摄像头、可用两天的高容量电池、3G 运行内存和 16G 机身内存等，还有五大亮点。

第一，后盖风格多样、可替换。小米 4 推出了布纹后盖、木纹后盖、大理石后盖等，手感更舒适。第二，材料科技感大幅提升。小米手机 4

把机身材料从塑料升级成了奥氏体 304 不锈钢。第三，高色彩饱和宽屏幕。小米 4 屏幕显示效果提升了 17%，还支持穿戴手套操作。第四，相机不仅采用了索尼 1300 万像素后置摄像头，并增加了“先拍照、后对焦”“动态追焦”“暗光自动调整拍照”等实用功能，并支持全屏触控自拍。第五，具有遥控功能。小米手机 4 不仅可以遥控电视机，还可以遥控空调、DVD 机等家电。

相信大家看了小米手机 4 的亮点之后，新老用户都会毫不犹豫地购买。小米手机 4 的营销策划方案凸显了产品亮点，让用户对该手机向往不已，获得了很好的营销效果。

Part3

品牌营销：优秀的企业一定会做品牌

品牌是营销的结果，没有哪家企业不想把自己的品牌做响。创业者要想建立强大的企业，就要重视品牌，重视品牌营销。随着人们收入的增加，人们在购物时非常重视品牌，往往会选择知名度高的品牌。而那些没有品牌知名度的新产品，即使产品很好，也很难吸引到消费者。一些大品牌推出的新产品不用大力做广告就能卖得不错，就是因为它的品牌有知名度，赢得了消费者的信任。因此，创业者要重视品牌，在营销的过程中不遗余力地提升品牌知名度。

第 9 课

企业默默无闻怎么办

很多创业公司发展了很长一段时间，甚至数年，却仍然默默无闻，品牌毫无名气。创业者为此很苦恼，不知道该怎么办。要想解决此问题，常用的方法有三个：学会借大公司的“势”；推出“种子”产品；积极发展外围企业。

学会借大公司的“势”

俗话说：“商场如战场。”在战争中，指挥官都非常重视通过借势来取得胜利。例如，三国时期孙刘联盟利用水军优势，以少胜多，取得了赤壁之战的大胜；后来陆逊火烧联营，以弱胜强，取得了夷陵之战的大胜，等等。在营销上，企业也应重视借势。蒙牛借势于国内乳业知名品牌伊利，把众多竞争对手远远甩在身后，很快就成为了国内第二大乳业品牌；小米借助全球第一智能手机品牌苹果的名气，短短一年就在智能手机市场中大放异彩；恒大冰泉借助恒大足球队的名气，几乎一夜成名。企业借势营销往往不需要花太多的钱，就能让自己与知名品牌并驾齐驱，在市场中打响自己的品牌，在广大用户心中树立起自己的品牌形象。因此，创业者要学会借大公司的“势”。

创业者在自己的企业很弱小、品牌没有名气的时候，要找准自己的追赶对手、竞争对象，并想方设法地把自己的品牌与知名品牌捆绑在一起。蒙牛的创始人牛根生就很善于使用此技巧。

蒙牛乳业的创始人牛根生是一位非常善于借势的创业者。在蒙牛乳业羽翼未丰的时候，他借伊利的势，打出了“向伊利老大哥学习”的标语，让自己站在“巨人”的肩膀上，同时把自己的竞争对手都远远地甩在了后面。

在当时的乳业，伊利是第一品牌。当蒙牛提出“做内蒙古第二品牌”时，人们就很好奇，并会把蒙牛与伊利加以对比，无形中就会记住蒙牛。这样蒙牛就很轻松地把自己的品牌宣传出去了。牛根生此举被人们称为“光沾大了，势借巧了”。

如今，很多创业者、企业都会抓住一切可利用的“势”来推广自己的品牌。

2015 年 10 月 8 日，演员黄晓明与杨颖在上海展览中心举行婚礼，邀请了众多名人，包括李冰冰、李云迪、马云、范冰冰、赵薇等。一些媒体人士称这场婚礼堪比国际电影节。众多商家得知黄晓明与杨颖的大婚消息，都想沾沾喜气，借势营销。杨颖代言的手机厂商美图秀秀更不会放过这个借势营销的机会。美图秀秀手机品牌的祝福语是：“这是一个超温馨的手机视频！美图手机作为重量级群演，再一次登上银屏！感谢晓明和 Baby 给我们这次机会。”美图秀秀还为他们送上了一首由员工自导自演的歌曲《我们的女神嫁人啦》，并邀请微博“大 V”吴欣鸿转发，获得了 13657 次转发。

美图手机借助黄晓明与杨颖的名气，通过低成本的微博营销，快速地将自己的品牌展示给了上万人，几乎没花什么钱，便取得了惊人的营销效果。可见，借势营销可以让企业以很小的投入获得良好的营销效果。

在激烈竞争、资金匮乏、没有名气的情况下，创业者要积极地学会借势，不仅可以借大公司、大品牌的势，还可以借助明星、平台、场景之势，这样往往不需要花费大量财力就能把品牌推广出去，甚至获得四两拨千斤的营销效果。

推出“种子”产品

企业采用借势的品牌营销策略时，前提是要有一个好产品。有了好产品，才能不断增强品牌的知名度和美誉度。否则，品牌知名度就像美丽的彩虹，很快就会消失。很多企业业绩平平、默默无闻，其根本原因就是没有好产品，更没有“种子”产品。

我们可以关注一下获得成功的企业，就会发现它们大部分都拥有自己的“种子”产品。互联网巨头 BAT 都有自己的“种子”产品：百度的“种子”产品是搜索引擎，只要是会上网的国人，几乎都用过百度搜索；阿里巴巴的“种子”产品是淘宝网，只要喜欢网购的人，几乎没人不知道淘宝网；腾讯的“种子”产品是 QQ、微信，喜欢社交的用户大部分都有 QQ、微信号。很多互联网领域的创业者，都把它们当成学习的对象。

“种子”产品可以帮助企业快速占领市场，可以让品牌立于不败之地，可以让企业在激烈的竞争中所向披靡，可以让濒临倒闭的企业起死回生。因此，很多企业都会确定自己的“种子”产品。尤其是那些遇到瓶颈、陷入发展困境的企业，更需要确定一个“种子”产品，并以此改变企业的命运，让濒临绝境的企业起死回生。

金山软件面对外来竞争者，WPS 迅速溃败，优势荡然无存。于是，金山软件投入了所有家当 200 余万元，孤注一掷地重新开发 WPS 软件，结果用户不买账，仅仅卖出 2000 套，不仅血本无归，还一下子让金山软件从巅峰掉进了低谷，陷入发展困境。后来，金山软件很多成员认为软件开发已经过了发展黄金期，看到做游戏很赚钱，便建议金山软件的创始人求伯君做游戏产品；还有一部分人建议继续做软件产品，认为软件是老本行，只要下功夫做，迟早能做出成绩。此时，金山软件仿佛走到了岔路口，很困惑。显然，资金紧张的金山软件，没有能力同时做几种产品，只能选择其中一种产品。

金山软件所有成员都不知道该如何选择，但是不选择就会让金山软件在困境中越陷越深。最后，金山软件的“二当家”雷军建议继续做软件产品，立足于办公软件重振金山 WPS。于是金山开发了金山影霸、金山毒霸并获得了成功，为金山带来了持续稳定的收益，帮助金山度过了资金紧张的困难期，最终得以重振 WPS 在办公软件市场中的地位。

金山软件公司东山再起、WPS 再续辉煌的根本原因，就在于雷军果断地确定并快速开发出了金山影霸这样的“种子”产品，从而改变了金山软件的命运，让金山软件再次成为中国软件市场中的领导者。

即使在一个充满商机的市场中发展非常顺利的企业，也不应忽视

“种子”产品的重要性，而应尽早地确定自己的“种子”产品。“种子”产品能帮助企业打造出具有强大竞争力和影响力的品牌。

因此，创业者最好不要贪大求多，同时做太多的产品，而应该把主要精力、资金、时间放在最有市场潜力的少数几种产品上，并不断创新，把它们做到极致。如果创业者想做家电，并把电视确定为“种子”产品，就要竭尽全力地做电视产品，这样才能在电视市场中获得丰厚的回报。企业有了“种子”产品，就能“养家糊口”，就能获得进一步的发展。

发展外围产品

企业在发展过程中往往会发展外围产品，以尽可能多地满足用户需求。比如我们熟悉的手机，就有许多外围产品，包括耳机、贴膜、保护套、固定手机支架、自拍杆等。又比如我们常用的计算机也有许多外围产品，其中常用的有内存卡、光盘、鼠标、键盘、散热器、鼠标垫、扫描仪、打印机、音响等。汽车的外围产品更加丰富，包括汽车遥控器、方向盘套、座垫、座套、小挂件、地毡、太阳挡、晴雨挡、车罩、防撞条等。用户需要外围产品，外围产品不仅能满足用户的需求，还能传播品牌、增加收益。

随着用户对品牌的忠诚度的提高，用户会希望产品的配件都是该品牌的。其中，手机、计算机用户迫切希望拥有所用品牌的原装配件。于是，一些企业在核心产品获得成功之后，就会积极地发展外围产品，这样不仅能够提高用户黏度与品牌知名度，还能利用用户的力量推广品牌。

如今，品牌对用户的影响越来越大，很多用户第一次用了某品牌，觉得满意，往往会持续地使用该品牌。用户使用联想计算机，就会优先选择联想的键盘、鼠标、打印机等。用户在网上购买小米手机，往往会同时选择小米的手机贴膜、耳机、手机套、手机挂件等。如果用户购买某品牌的手机后，想要购买该品牌的耳机、手机套，结果发现没有，未免会产生失落。用户甚至会因此放弃该品牌的新产品，这显然对企业不利。作为一家企业，要时时刻刻关注用户需求，并竭尽全力地满足用户，这才是明智的做法。

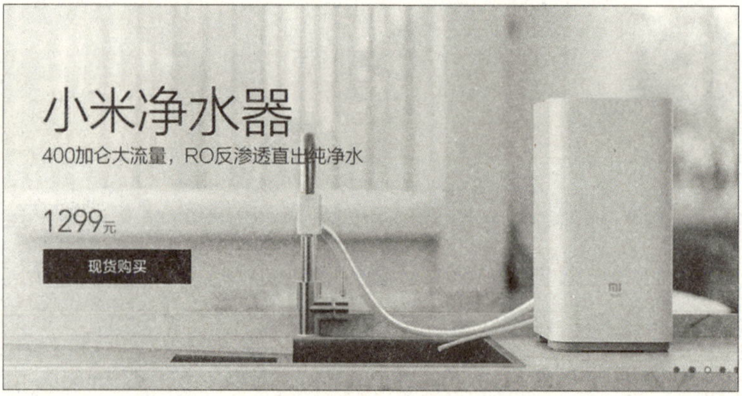

小米的外围产品有移动电源、插线板、耳机、音响、电池、储存卡、保护套、后盖、贴膜、手机支架、自拍杆、防尘塞、贴纸、随身 Wi-Fi、米兔、服装、箱包、鼠标垫等。智能硬件有运动相机、血压仪、摄像机、体重秤、路由器、手环、空气净化器、净水器等。这些智能硬件都可以与小米手机连接，简单易用。

小米副总裁黎万强 2013 年称，小米的配件销售额 2012 年达到了 6 亿元，2013 超过 10 亿元。小米手环上市仅仅一年（截至 2015 年 7 月 22 日），总销量突破了 600 万（单价 79 元），其销售额突破了 4 亿元。

小米的外围产品非常丰富，其对小米公司的贡献也不容小觑。但是，这还不是小米外围产品的主要价值，其主要价值是打造小米生态圈，增强小米用户的黏性，提高小米品牌的价值和知名度。2015 年第二季度，小米手机以 18% 的市场份额连续五个季度蝉联国内市场份额第一。

由此可见，发展外围产品不仅有助于增加企业的收入，还可以提高品牌知名度。

第 10 课

企业产品不出彩怎么办

产品是企业获得发展的基石。如果企业的产品受到广大消费者的欢迎，那么企业发展就会很快。如果企业的产品不出彩怎么办？这时企业就要打好品牌这张牌，常用的策略有两种：一是赋予产品一个精彩的故事，二是用产品的内涵吸引用户。

赋予产品一个精彩的故事

每一个知名品牌后面都有一个精彩的故事。意大利著名品牌 Prada 是由马里奥·普拉达创立的，以生产手袋闻名欧洲。它有一个副牌 Miu Miu，即使很多时装迷也未必知道其品牌故事。其实，Miu Miu 就是 Prada 第三代传人缪亚亚·普拉达小姐的昵称。在国内低端汽车市场中，奇瑞 QQ 几乎无人不知，其品牌故事就是国内第一款专为年轻人张扬个性与快乐生活而造的轿车。中国智能骨干网络菜鸟集团的 CEO 沈国军说："定名为菜鸟网络，第一就是想时刻提醒我们自己，互联网的创新无处不在。在互联网时代，我们要保持菜鸟心态，才能不断创新和学习。"这些品牌故事能让用户对企业的产品产生兴趣，让他们记住企业的产品，也便于产品和品牌的传播。

营销界有个共识：消费者的冲动，就是产品和品牌的机会。的确如此，与其他营销方式相比，故事是一种容易感染消费者的方式，是一种比较容易潜入消费者意识的表现形式。那些大品牌不遗余力地向消费者讲故事就是这个缘由。它们坚持不懈地用故事"催眠"消费者，水滴石穿，短期看不到效果，时间长了就能看到明显效果。那些包裹在故事里的产品和品牌信息会潜入消费者的意识，总有一天它们会被触发，进而促成一次购买冲动。

或许创业者都会讲故事，但是未必都能讲得精彩。

创业者要想讲一个精彩的产品（品牌）故事，就要了解产品（品牌），就要找准故事的切入点。故事的切入点有很多，主要有五个，即产品（品牌）的历史和故事、创始人的创业故事、Logo 或品牌名、市场潜在需求以及当地文化。

1. 产品（品牌）的历史和故事

企业的产品可能是新的，但未必是刚发明的，大多数产品都是在原来产品的基础上改进而来的，那么就肯定有历史和故事可讲。例如，创业者做玉器产品，就可以从玉石的历史切入。如果创业者经营的是全新的儿童玩具，就可以讲一个关于父母、孩子和玩具的动人小故事。创业者讲出来的故事要让听者觉得真实，这样才能达到吸引用户的目的。

2. 创始人的创业故事

创业者的品牌一般是新的，因此可以通过创始人的真实创业经历，来展现他对这个行业的热爱，宣扬创始人希望凭借自己的努力创立品牌、创新产品，让人们的生活更加美好。

丰田汽车创始人的故事很朴实，最令人感动的就是其创始人丰田喜一郎执着追求的故事。1930 年，丰田喜一郎 63 岁的父亲丰田佐吉去世。父亲留给他和他的兄弟姐妹们一家上规模的棉纺厂。他本应该与其他兄弟姐妹那样享受无忧无虑、其乐融融的田园生活。然而，遗传了父亲“研究与创造精神”的丰田喜一郎胸怀大志，并不满足于眼前的安逸生活。他非常喜欢汽车，非常关注汽车行业的发展情况，并洞察到汽车这个新行业发展前景广阔。于是，他开始钻研汽车。1933 年，丰田喜一郎说服自己的兄弟姐妹，设立了汽车部，并把一间仓库的一角作为研制汽车的基地。当年 4 月，他买回来一台美国雪佛兰汽车发动机，对其不断拆装、研究、分析和测绘。研究了五个多月之后，他便开始尝试制造汽车发动机。1935 年，他成功研制出第一辆丰田 GI 汽车，1936 年，丰田 AA 型汽车诞生。1937 年，丰田喜一郎把汽车部从公司独立出来，成立了丰田自动车工业株式会社。如今，丰田汽车早已驰名世界，“车到山前必有路，有路就有丰田车”这句话也传遍了整个世界。

那些成功的品牌往往很擅长讲故事，并懂得把品牌发展的历史、品牌的内涵、品牌的精神向消费者娓娓道来，以润物细无声的方式让消费者深入了解品牌理念。

除此之外，创业者还可以以 Logo 或品牌名、市场潜在需求、当地文化为切入点，讲述精彩的产品（品牌）故事。

创业者赋予产品精彩动人的故事，就像为自己的品牌插上了翅膀，品牌就会飞得更高更远。

大多数人都喜欢听故事，不仅喜欢听，还喜欢谈论故事、传播故事。所以，创业者与其绞尽脑汁让用户被动记住自己的产品（品牌），不如讲一个精彩的故事。

用产品的内涵吸引用户

如今各种产品信息满天飞，给人们选择产品带来了很多干扰。很多消费者面对多如牛毛的产品信息，不知道如何才能选择到好产品。面对这样的情况，很多企业也很困惑，同类产品实在太多，吸引消费者、打动消费者变得越来越困难。

其实，不少企业早就开始尝试用产品的内涵去吸引用户，效果确实不错。例如，丽水旅游产品的负责人为了让自己的旅游产品具有文化内涵，曾经参考了不少有历史文化内涵的旅游产品，如广西的《印象刘三姐》、杭州宋城的《宋城千古情》等，最后认识到历史文化能赋予旅游产品独一无二的内涵，更能吸引游客。试想，一个景区只有山水树木，那就成了一个大公园。哪里没有公园呢？旅客去过一次，肯定不会再去了。如果景区有历史文化，就能激发人们的游玩兴趣。比如，人们去杭州西湖，肯定会去游览雷峰塔，因为雷峰塔与民间传说《白蛇传》有关。相传，当年法海把白娘子镇压在塔下，并下咒语：“若要雷峰塔倒，除非西湖水干。”这就是雷峰塔独一无二的历史文化内涵，吸引了全国各地的游客慕名而至。

很多金融企业也积极地打造产品的内涵，以此吸引用户。现在人们的消费观念不断改变，越来越喜欢使用信用卡消费。很多银行降低了用户办理信用卡的门槛，并主动邀请用户办理信用卡。在各大商场超市门口，经常会看到办理信用卡的小柜台。信用卡市场日渐饱和，有不少用户会拒绝信用卡业务人员的邀请，有的用户是因为自己手中已经有好几张信用卡，有的用户是因为还不习惯使用信用卡消费。这些人都是信用卡的潜在客户。纵观市面的信用卡，基本上都是消费返积分，达到一定消费数次免年费，提供一个月免息期，同质化很严重。要想从众多的信用卡中脱颖而出并吸引到用户，除非有其独特之处。光大银行就认识到了这一点，积极地打造信用卡产品内涵。

随着信用卡越来越普及，银行信用卡业务发展越来越困难，推广信用卡变得越来越难。各大银行的信用卡业务员免费送电子秤、暖宝宝邀请用户办理信用卡，但大部分人仍然无动于衷。在这样的情况下，光大银行另辟蹊径，用信用卡的内涵吸引潜在用户，以此推广自己的信用卡。

针对用户旅游、娱乐等需求，光大银行与乐视网合作推出了乐迷卡，与网酒网联合推出了网酒网联名信用卡。这些信用卡完全跳出了产品设计的常规路子，而是基于用户的喜好、特色需求而打造的。光大银行还结合信用卡发行的虚拟化、智能化、网络化、终端化等趋势，打造了光大银行智能商务信用卡和旅游主题IC信用卡。这些产品使用户在“一卡多用”中获得了安全与便捷的用卡体验。

光大银行还结合用户出国旅游、出国留学等出国消费的需求，与银联联手发行了多币种信用卡。用户持卡可在全球142个国家和地区的ATM上取款，在银联特约商户消费，享受免交1.7%跨境交易手续费的优惠，还可享受到专家健康咨询、紧急现金支援等增值服务。

此外，光大银行为了满足用户的个性化需求，推出了用户自由定制卡面的DIY信用卡，受到了广大用户的欢迎。

很快，光大信用卡市场占比突破 5%，在业界的地位得到了明显提升，成为了国内信用卡市场的一支生力军。

在茫茫人海中，亭亭玉立的美女会被众人关注到。同理，在琳琅满目的产品中，充满内涵的、独具匠心的产品才会深深吸引用户。

第 11 课

产品定位不明怎么办

产品定位不明确，就会影响创业进程，甚至会给创业者带来不可估量的损失，导致创业项目夭折。创业者在创业之初要尽早明确产品定位，及时地思考产品定位、明确产品定位，就有机会让自己的事业熬过低谷期，迎来峰回路转的时刻。现实中，不少创业者压根就没有思考过产品定位的事情，我们建议大家通过两个步骤来解决此问题：第一步，确定你的用户属于哪个消费层次；第二步，设计不同层次的品牌。

确定你的用户属于哪个消费层次

前文说过，营销的原点就是消费者，我们既要了解消费者的需求，还要明确消费者的消费层级。

首先我们来弄明白什么是消费层次。以大家熟悉的手机产品为例，手机产品中苹果手机价格较贵，其定位的是高消费层次的用户。华为荣耀 4A 售价为 599 元，产品定位显然是低消费层次的用户；华为荣耀 7 预售价 1999 元起，受到了很多蓝领人群的追捧。2015 年 11 月，华为发布了华为 mate8，预售价 2999 元，显然是想拿下中高消费层次的用户。

由此可见，消费层次大致可划分为五层，从低到高依次是低、中低、中、中高、高，对应着五个不同的消费群体。创业者明确了用户消费层次，产品定位就更明确，研发出来的产品就更容易得到用户的认可。得到目标用户的高度认可，才更容易树立品牌。

从华为开始做手机起，其产品定位一直都很明确。华为最早锁定了广大低消费层次的用户，获得了一定口碑，然后征服了中消费层次用户，获得了乘风破浪的发展，并继续抢占中高消费层次的用户，展现出了强劲的发展势头。照这样发展下去，在国内手机市场上，华为将稳稳占据第一梯队的位置。

产品是供消费者使用的，要明确产品定位，首先就要研究消费者，研究消费者的消费能力。

纵观互联网领域的创业者，往往是靠最初的目标用户推广品牌，而不是赚钱。马云刚推出淘宝网的时候，承诺所有淘宝网商户免费三年，最后把淘宝网做成了国内最大的电子商务平台。雷军刚开始做小米手机时，手机仅售 1999 元，前 10 万部都赔钱，直到卖了 30 万部才盈利，最终把小米手机打造成了知名品牌。

所以说，创业者确定目标用户的消费层次，更有利于做出畅销的产品，树立品牌。当然，企业在满足现有消费群体之后，还要扩大用户群体，逐步吸引高端消费群体。

设计不同层次的品牌产品

大多数创业者在创业初期往往资金紧张、人手较少，不可能同时生产多个层次的产品，往往会选择单一的经营方式，生产一种品牌的产品，甚至一款产品。随着公司的发展，盈利增多，公司就有条件满足更多消费层次的用户。此时，创业者应该设计不同层次的品牌，满足更多层次用户的需求。

我们首先要熟悉品牌的层次。品牌层级一般可划分为四层，分别是公司品牌、单一品牌、家族品牌和品牌修饰。

1. 公司品牌

公司品牌就是企业形象，公司品牌是消费者对企业认知、理解与联想的综合体。有些情况下，公司品牌是企业权益的唯一来源。绝大多数企业都很重视品牌建设，精心维护企业形象。如果企业形象好，每次推出新产品的时候，就可借助企业品牌一炮走红。曾有机构进行了深入研究，发现在影响消费者购物决策的因素中，企业形象的重要性正在不断增加。因此初创公司在设计企业品牌时一定要塑造良好的企业形象，提高企业的美誉度。

海尔发展初期就设计了公司品牌，让其企业形象不断深入人心。如今，海尔冰箱、海尔空调、海尔热水器、海尔电视等知名度和美誉度很高，几乎路人皆知。海尔是做冰箱起家的，大获成功后，便设计了不同层次的产品，从而驰名中外。

2. 单一品牌

单一品牌是指只用于特定产品的品牌，该产品可以有不同的种类和规格。例如，格力空调有客厅类、卧室类，其中卧室类的睡梦宝就有三个型号。企业之所以采用单一品牌，是因为单一品牌可以瞄准特定的目标市场，制订一套独立的营销计划，并可以专门设计品牌标识、产品线、营销方案等，完全不会受到其他品牌的影响和约束。单一品牌还有一个优势，即使企业的某一个单一品牌失败，企业的其他单一品牌也不会受到大的牵连。纵观知名企业，它们在创业之初大多是采用单一品牌，单一品牌不断推出新产品，就会逐渐转变成家族品牌。

例如，小米最初就是单一品牌，第一款小米手机产品为小米手机 1，第二款小米手机为小米手机 2，第三款小米手机为小米手机 3，第四款小米手机为小米手机 4。直到小米公司在中端智能手机市场站稳了脚跟，才推出了新品牌红米，并很快成为了低端智能手机市场的主角。也就是说，小米公司在成功推出红米品牌之后，就从单一品牌转向了家族品牌。

3. 家族品牌

家族品牌与公司品牌大同小异，相同点就是都可以作为品牌应用于多类产品，不同点就是家族品牌不是公司名称。家族品牌主要有两个来源。一是企业在发展的过程中开发出了新品牌，并在此品牌之下不断推出新产品，就会形成家族品牌。例如，海尔品牌成功之后，开发了互联网品牌统帅和高端家电品牌卡萨帝，这样海尔集团就拥有了海尔、统帅、卡萨帝三个家族品牌。二是公司通过收购或兼并形成了家庭品牌。例如，阿里巴巴通过收购获得了雅虎中国、高德地图、口碑网、阿里影业等家族品牌。在化妆品、食品、服装行业中，家族品牌很常见。例如，化妆品行业中的家族品牌有欧莱雅、玉兰油、雅倩等。汽车行业中家族品牌也很常见，例如通用汽车公司有雪佛兰、GMC、别克、凯迪拉克等家族品牌。

4. 品牌修饰

品牌修饰也称子品牌。由于不同的公司会选择不同的品牌层次及组合，因此品牌修饰既可以写在家族品牌之后，也可以写在产品品牌之后。品牌修饰有三个显著功能，分别为标识产品功能、标识产品特性和标识产品质量水平。例如，苹果 iPad 1、苹果 iPad 2、苹果 iPad 3、苹果 iPad5 等展现了产品的升级换代。

创业者设计品牌层次时不应忽视这个品牌修饰。因为当某个品牌推出众多型号产品的时候，品牌修饰就能发挥出组合和传播的作用，从而让这一品牌占领更大的市场，还有利于顾客快速选择自己需要的产品。

大多数创业者在能力、资金允许的前提下，会设计不同层次的品牌，这样可以扩大市场占有率。

很多成功的企业在获得第一桶金之后，就会增加品牌，有的增加较高层次的品牌，有的则是增加较低层次的品牌。小米手机成功打入中端智能手机市场之后，为了满足低消费层次用户的需求，小米公司设计出了红米品牌，还推出了小米电视、小米路由器、小米手环等。小米公司在更多的领域、更广泛的用户群体中树立了小米品牌，使越来越多的人青睐小米品牌。

创业者在创业之初，采用单一品牌更明智，这有利于把有限的资源用在刀刃上，集中精力打造出极致的产品，快速树立品牌。

第 12 课

产品种类太多怎么办

很多创业公司在发展过程中会不断增加产品种类。海尔最初的产品种类单一，只有冰箱，如今海尔的产品种类众多，数不胜数。美的最初主要做风扇，如今其产品线囊括了电饭煲、电磁炉、热水器、电风扇、空调等。小米最初只做智能手机，如今产品有十余种，包括电视、路由器、手环、空气净化器、净水器等。可见，企业不断发展，就会面临产品种类增多的问题。解决这一问题的方法主要有两种：一种是确定主打品牌，确定营销主次；另一种是砍掉多余产品线，重点发展核心产品。

确定主打品牌，确定营销主次

产品种类众多有时候也会产生副作用。消费者常常会产生挑花眼的困惑。

有一位准妈妈在网上提出了一个问题："母婴产品种类太多了，怎么选？我再有一个月就要生了，请各位赐教！"有的网友说，购买奶瓶、奶嘴、奶粉、纸尿裤；有的网友说，购买婴儿床、婴儿被褥、浴巾、毛巾；有的网友说，奶瓶最好选择玻璃的，不要选择 PP 的，纸尿裤选择好奇、帮宝适、贝亲等品牌；有的网友说，购买产妇哺乳衣、裹腹带、产妇奶粉、产妇内衣等。网友们众说纷纭，这位准妈妈看了半天，不知道该如何选择了。

母婴产品的种类繁多，给用户选择产品带来了困难。同一个品牌的同一款产品就有数种不同型号或款式。没有经验的用户需要花一定的时间加以比较，才能选择出合适的产品。例如，奶嘴的款式有 L 型、圆孔、十字孔等，没有经验的准妈妈们，面对各式各样的奶嘴，不困惑才怪！

对创业者而言，产品过多，就会分散有限的精力、资源，给企业的发展带来更大的压力，甚至会把自己搞得焦头烂额。如果创业者必须经营多种类的产品，就一定要确定主打品牌，确定营销主次。

面对众多矛盾，要抓主要矛盾；面对众多事情，要分轻重缓急。

纵观那些成功的公司，随着企业的不断发展，往往会增加产品种类，结果越做越强。它们的主打品牌名扬四海，次要品牌也获得了不断发展，并大幅提升了主打品牌的知名度和美誉度。

海尔在发展过程中，产品由单一的冰箱扩展到了洗衣机，再扩展到了所有家电产品，还有 IT 数码产品、智能家居产品等。

作为一家国际化大企业，海尔的产品种类极多，仅家电产品就有数十种，包括冰箱、洗衣机、电视、空调热水器、厨房家电等。其中，冰箱就有几十种。可见，海尔的产品的确很多。

海尔面对产品众多的问题，并没有乱了阵脚。如今，海尔已经有了海尔、统帅、卡萨帝等品牌，但海尔在发展统帅、卡萨帝品牌的同时，坚持把海尔当成主打品牌。在品牌营销的过程中，重点放在海尔品牌，其次才是统帅、卡萨帝等品牌。这样一来，海尔不仅极大地满足了更多消费层次的用户，还大幅扩大了其在家电市场的占有率。比如，海尔多门冰箱满足了大家庭的需求，单门冰箱满足了单身人士的需求。在品牌方面，海尔冰箱满足了中等消费层次的消费者对冰箱的需求；统帅冰箱满足了追求高性比价的广大消费者的需求，卡萨帝冰箱满足了追求高品质的高端消费者的需求。

在海尔的所有产品中，海尔品牌的产品所占的比重最大，也是海尔的主打品牌。在品牌营销的过程中，海尔品牌优先，毕竟其消费群体巨大，为海尔企业贡献了长期、稳定、主要的利润。接下来是统帅品牌。海尔为了适应“互联网 +”时代的发展趋势，为那些追求个性、时尚、简约生活方式的年轻消费群体量身定制了统帅品牌，这个群体将会成为未来家电的消费主力军。然后是卡萨帝品牌。海尔把这个品牌定位为高端家电品牌，主要是为国际上的高消费群体打造的。

海尔确定主打品牌、营销主次的策略，不仅没有让其筋疲力尽，反而让其获得了更好的业绩。世界权威市场调查机构欧睿国际 2014 年全球大型家用电器调查数据表明，海尔大型家电零售量第六次蝉联全球第一，其市场份额增长第一次突破两位数，海尔冰箱、洗衣机、冷柜、酒柜的全球份额继续蝉联全球第一。

砍掉多余产品线，重点发展核心产品

这是一个飞速发展的时代，你要想跟上时代的脚步、满足用户的需求，就必须快速迭代。只有产品线简单、少，你才能做到更快、更精。否则，做得快，就会粗糙不堪；做得精，就做不快。所以，企业要不断地研究自己的产品线，果断地砍掉那些多余的产品，集中全部精力发展核心产品。

史玉柱是一位连续创业者，在创业的道路上，他经历了大成大败。在惨痛的失败中，他获得了深刻的教训。他告诫创业者："一家企业越简单越好。简单一点，就是把那些不是主线、不影响大局的裁一裁，然后选中一个方向，一个点，攻到位。"他强调，不仅要把力量集中到一个地方，集中到一种产品上，还要集中到特定的消费群体身上。他就是这样做的。

史玉柱曾经同时经营数十个品牌，贪大求全，哪类产品赚钱就做哪条产品线。同时做汉卡、计算机硬件、软件、药品、保健品、房地产、服装等，很快就导致资金紧张，让巨人集团陷入了破产危机之中。史玉柱快速反应，决定砍掉一些产品，并确定核心产品——保健品，并立志要把“脑白金”“黄金搭档”“五粮液黄金酒”做到名列前茅。最终，他把这三个核心产品都做成功了。史玉柱表示，他之所以成功，是因为放弃了一些相对不重要的产品，把产品做少了，如果当时只选择一个产品做，也许会获得更大的成功。

后来，史玉柱得出一个结论：“产品不是越多越好，能少点就少点。1+1 不一定大于 2，往往小于 2，1+1+1 还是小于 3 的。”

其实，许多创业者失败是因为没有把精力集中在一个点上，贪大求全，急功近利，导致投资分散，战线过长，最后一件事情都干不好，一败涂地。

大道至简，做事情要化繁为简。做品牌要具备简约思维，在产品规划、品牌定位、产品设计方面都要力求简约。

在快节奏的“互联网 +”时代，消费者的选择很多，选择时间很短，越来越没有耐心。在这样的背景下，企业仍然按部就班地拓展产品线，迟早会把自己拖垮。当你研发的产品还未上线，那些互联网领域的创业者早已经把类似的产品推向了市场；当你的产品还未生产出来，那些互联网企业的升级产品都上市了，你的产品还能有市场吗？所以，那些产品线众多的企业，要想跟上时代的步伐，就要把产品做得更快、更精。

砍掉多余产品线，重点发展核心产品，有时能够使陷入困境的企业快速走出困境，甚至使濒临破产的企业起死回生。2015 年 5 月，索尼砍掉了头戴显示器产品线，集中资源开发“梦神”项目，希望在不断升温的虚拟现实市场中占领先机。2015 年 5 月，意大利电信宣布砍掉利润率低的产品线，以便在高度竞争的市场中获得发展。联想先前砍掉了一半的手机产品线，2015 年 11 月 26 计划砍掉 Vibe 产品线，集中精力发展核心产品乐檬和摩托罗拉，希望抢占更多的智能手机市场份额。

与其花精力、财力经营那些不盈利的产品或盈利微薄的产品，还不如对其进行整合，集中精力做好最重要的事情。例如，支付宝发现很多产品功能类似，有些产品用户分不清楚、没听过，便大力精简产品线，砍掉了“天猫分期”“慢慢付”等十余个产品，最后集中精力做拳头产品。支付宝表示，大公司有资源，有人才，做产品很容易，但也带来了负面作用，那就是企业的人力、物力会分散。企业只有砍掉那些不必要的产品线，才能促进企业进一步发展。

乔布斯是苹果公司的创始人之一，在计算机行业的大萧条期（1985 年），因产品销售不佳，被踢出了公司。在斯库利的经营下，苹果公司陷入了严重的财政危机，苹果公司的其他高管被迫请回乔布斯。乔布斯临危受命，立即大刀阔斧地砍掉多余的产品线，集中财力、人力研发新产品，于当年推出了 iMac。该产品在美国和日本非常畅销，帮助苹果公司度过了财政危机，并让苹果品牌更加闻名。

Part4

服务营销：优质服务为初创企业增值

服务可以促进企业发展，营销人员嘴上常常挂着一句话：“服务即营销。”在市场竞争中，谁的服务更贴心，谁就有更大的把握胜出。重视服务，只要为用户提供优质服务，就能为自己的产品和品牌增值。

第 13 课 什么是优质的服务

如今市场上的产品同质化严重，创业者要想快速吸引用户，赢得市场认可，最有效的办法就是为用户提供优质服务，让自己的品牌迅速从同类产品中脱颖而出。

什么是优质服务？优质服务就是与用户做朋友，就是提供给用户超乎其想象的服务。

优质服务能让用户更信赖你

越来越多的企业认识到了优质服务对企业持续发展以及增加企业竞争力的重要性，纷纷以优质服务来吸引用户，赢得用户的信赖。

全球通在发展过程中受到了联通、电信等竞争对手的挑战，最后决定推出优质服务来吸引用户。全球通在全国范围内下调资费，为用户带去了实实在在的好处，受到了广大用户的好评。短短半年，全球通的用户数量就超越了 2 000 万，创下了用户日均增长 11.7 万的纪录。全球通的优质服务包括多种优惠套餐，套餐内既包括通话时长，也包含上网流量，其中主叫市话、长途、漫游一律低至 0.16 元，并且全国漫游接听免费。全球通俘获了广大爱打电话、爱上网的用户，在通信市场中获得了突飞猛进的发展，并成为了那些经常旅游、出差人士的最爱。调查显示，90% 以上的客户对全球通推出的新资费套餐满意，其中 93.7% 的客户愿意主动把自己正在使用的全球通新资费套餐推荐给其亲朋好友。

平安好车进军二手车市场的时候，面对激烈的竞争，在平安集团的支持下，不断地为用户提供优质服务，迅速赢得了二手车经销商、购车用户的信赖，在二手车市场中获得了一席之地。平安好车的优质服务有：免费车况检测、为卖主卖出最高价、集合全国三千家被认定的优质商户等。对于意向交易车辆进行线上竞价拍卖的用户，从检测到过户全流程服务均免费。平安好车还针对二手车经销商资金不足的情况，为他们提供车商贷，之后又为资金短缺的购车用户提供好车贷，促进了二手车市场的发展，也布局了二手车生态圈。

闻名遐迩的海尔不仅重视产品质量，还非常重视服务，并从而赢得了用户的信赖。深圳福田区的吴先生购买了一台海尔洗衣机。有一次，他母亲在洗衣服时发现洗衣机漏水，便给海尔的客服打电话反映了情况。两个小时内，海尔的服务人员就为其上门服务，经过检查，确认海尔洗衣机没有问题，漏水是因为家里的水管破损造成的。海尔的服务人员立即帮助吴先生的母亲更换了一个新水管，并免费把洗衣机保养了一遍，同时讲解了洗衣机的使用常识。最后，海尔的服务人员检查了其他家电、为吴先生家中的所有电源做了安全检测。吴先生下班回家后，听了母亲的诉说非常感动，他没有想到海尔的服务如此快速、周到。这样的优质服务让他非常放心。之后，吴先生给海尔公司写了一封感谢信，表达了他对海尔热忱服务的感谢和高工作效率的敬佩。

优质服务形式多样，可以是降低资费，也可以是为消费者提供免费服务等。只要你能赢得用户的信赖，企业就一定能获得进一步发展。

优质服务就是让用户赞不绝口

俗话说，只有想不到的，没有做不到的。创业者要想得到用户的赞美，就要站在用户的角度为其着想，不断提高用户的满意度。

能得到用户赞美的企业，其服务一定很贴心。有用户对小米的服务赞不绝口，他想在网上买小米手机送给其好友，但是好友拿到以后还要去贴膜，感觉很麻烦。他就和小米的客服说了自己的想法，小米客服毫不犹豫地告诉他，会赠送给他一个手机贴膜。后来，该用户的好友对小米手机非常喜欢。从此，该用户见人就称赞小米的服务很贴心，称赞小米客服能想用户之所想，并主动提供优质服务。

山东有线龙口分公司，根据用户的实际情况为其提供便捷、周到的服务，赢得了用户由衷的称赞，在当地名声大噪。众所周知，有线业务费用一年续费一次。2015 年的续费期马上就要到了，山东有线龙口分公司本着“以用户为本，服务零距离”的原则，不断优化服务，提高工作效率，提高品牌的美誉度。2015 年，山东有线以各营业厅在各小区内设立了便民服务点。山东有线龙口分公司不仅大力宣传广电网络技术优势、服务优势，着力推广高清、互动及宽带等增值业务，还主动为用户提供上门服务，如有线电视缴费、维护、维修。龙口市东埠村的肖大爷 80 多岁了，由于行动不便，便抱着试试看的想法给龙口营业厅的工作人员打电话。没想到第二天，工作人员就为其上门服务。办理完业务后，肖大爷激动地握着该工作人员的手说："你们的服务太贴心了，真是太感谢你们了！"很多需要维护服务的居民也表示，上门服务为自己带来了便利。

万通公司不仅是开封市第一家取得车用气瓶检验资格和安装资格的企业，它还拥有领先的技术和先进的设备。本市大部分用户都会来这里安装、检验气瓶并办理气瓶使用登记证。办理业务的用户经常排长队，公司的全体人员为了缩短车主的排队时间，总是满负荷地工作。很多工作人员在现场忙得不可开交，但对打来电话咨询的用户却毫不怠慢，热情、详细地答复。这里能吸引海量用户，主要有四大优势：（1）办事效率高，能让顾客尽早拿到气瓶使用登记证；（2）服务质量一流，钢瓶及配件保证符合国家安全标准；（3）安装维修收费业内最低；（4）检验收费严格依照相关标准，绝不多收一分钱。

万通公司办理业务的用户不断增加，公司的美誉度也越来越高。很显然，万通公司生意兴隆得益于其为用户提供了优质的服务。

优质服务就是与用户做朋友

优质服务对一家初创企业来说至关重要。雷军在不惑之年再次创业，创办了小米公司，并获得了成功，受到了无数创业者的尊敬。雷军在与广大创业者分享自己创办小米公司的成功秘诀时说："小米公司的成功主要有三点，一是坚持真材实料；二是坚持跟用户交朋友；三是坚持创业心态。"雷军还详细地解读了每一点。关于第二点，雷军说："以前中国有个提法，把用户当上帝。但是在中国极少有人相信上帝的，所以我认为把用户当上帝是瞎扯，而应该是把用户当朋友。朋友手机坏了，你愿意让他等待 7 天才给修好吗？有这样为朋友办事的吗？所以，要把所有消费者当朋友，在他们遇到困难时我们要想办法第一时间解决。”雷军是这样说的，也是这样做的。所以，他创办的小米公司仅一年就名震业界，四年就做到国内第一。

小米把用户当作朋友，用户提出的任何问题，小米团队都会以最快的速度去解决。据说小米有 9 名微信运营人员，每天一上班就得处理上万条用户留言。小米本可以自动回复一部分，但是他们没有这样做，而是选择一一回复，这个工作量非常巨大。他们是如何完成这个巨大的任务的呢？原来小米自己研发的微信后台可以先自动抓取出来这些留言中的一部分内容，如用户的留言中出现的“快递”“刷机”“订单”等关键词。这些用户会被系统提取出来交给人工客服处理。然后，小米的微信运营人员会一对一地进行回复。用户得到小米工作人员认真、用心的回复，就会感觉自己受到了尊重，就会对小米公司产生好感，甚至把小米的服务人员当作朋友，对他们无话不说，就会给他们提供好建议，甚至包容他们。

比如，那些主动刷机的用户，主动参与同城会、爆米花活动的米粉，就是把小米公司当成了朋友，力所能及地帮助小米，从而把小米品牌发扬光大。小米把用户当成朋友，让用户感受到了小米的贴心服务，小米的用户对小米品牌的忠诚度很高。

优质服务就是超越用户的想象

优质服务的最高境界就是超越用户的想象，就是能让用户尖叫。

在产品同质化严重的市场中，只要企业能让用户获得超乎想象的优质服务，就能吸引用户、得到用户的称赞，就会在用户心目当中树立好口碑，让自己的品牌得以广泛传播。

提起超乎用户想象的优质服务，大家会立即想到海底捞。它就把优质服务做到了极致。

海底捞的服务比它美味的火锅更有名气，这让海底捞门庭若市，常常座无虚席。消费者去餐厅就餐常常需要排队等候，这很令人苦恼。海底捞会为饿着肚子、闻着香味的顾客主动送上免费的坚果、饮料和水果；帮爱美的女士免费美甲；帮爱干净的男士免费擦皮鞋；还为用户提供跳棋、围棋等娱乐项目。他们也会为正在用餐的用户提供很多贴心服务，如提供围裙、热毛巾，为长发的女士提供免费的发圈、发夹，为戴眼镜的用户提供免费的眼镜布。在海底捞用过餐的用户，都会被其超预期的服务所感动，都会发自内心地称赞海底捞的服务，并会主动宣传海底捞的贴心服务，从而让海底捞获得了好口碑。

海底捞重视服务，并不遗余力地为消费者提供优质服务。它提供的候餐服务、用餐服务贴心周到，往往超出了用户的预期。于是，用户对海底捞的优质服务赞不绝口。海底捞也因此获得了好口碑，成为了餐饮界的龙头企业。

越来越多的创业者开始效仿海底捞，努力打造超乎用户想象的服务，并获得了快速成功。例如，淘品牌三只松鼠，为用户送上放坚果、果壳的大小不同的三个纸袋以及防止坚果受潮的封口夹。再比如，雕爷牛腩，茶水按用户性别、口味定制，服务员每次都会主动询问用户的口味；其餐具非常精致，甚至有鸡翅木的筷子；其服务也很贴心，如果服务员看到用户很喜欢鸡翅木的筷子，就会主动包好赠给用户。于是，消费者都称赞雕爷牛腩是在用生命做服务。

第 14 课

如何让用户主动口碑传播

如果企业提供的服务能得到用户的高度认可，那么用户就会情不自禁地称赞企业的服务，就会主动口碑传播，让企业获得好口碑。用户对企业的信任度越高，口碑的传播效果就越好。要想让用户主动口碑传播主要有三个方法：（1）站在用户的角度考虑问题；（2）努力实现用户与企业的共赢；（3）企业要努力加强用户对自己的认可。

站在用户的角度考虑问题

企业要想得到用户的支持，就要真心实意地为用户着想。企业要时刻站在用户的角度考虑问题：用户需要什么样的产品或服务？用户对企业的产品或服务有哪些不满意之处？如果企业能够时刻站在用户的角度考虑问题，定会收获好口碑。

创业者朱剑飞创办了通过熟人朋友圈找对象的 App“找到 ta”，短短 10 个月，就吸引了百万级别的用户群体。

“找到 ta”的创始人朱剑飞本人也曾经历过单身的苦恼。2015 年 1 月，他创办了旨在帮助未婚女性解决婚恋问题的手机 App“找到 ta”。该 App 可根据手机通讯录中的联系人数据进行自动匹配，帮助用户找到适合其的婚恋对象。上线一周，“找到 ta”的下载量就超过 19 万次，并连续两个月在 360 应用市场保持前三名。4 个月的时候，“找到 ta”就得到了大众的认可，成功获得来自原始会 90 万元的众筹资金。7 个月的时候，“找到 ta”就入选中关村国家自主创新示范区“大众创业，万众创新”的重点扶持工程——金种子工程，并获得 30 万元的现金资助。10 个月的时候，“找到 ta”就积累了 130 万名用户，日活跃用户数保持在 8 万左右。

在创业过程中，他每天浏览自己的朋友圈信息，他发现自己浙江大学的一位小师妹很有趣，一个新发型就花了 2 580 元。朱剑飞回复道：“你真土豪啊！”不久，这位小师妹在微信朋友圈又发了一条令人咋舌的信息：“最近三个月，衣服、化妆品的开支共计五万六……”

朱剑飞的这位小师妹是硕士学历，在 IBM 工作，已经而立之年，却依然单身。“找到 ta”的服务对象就是此类人。于是，朱剑飞就把这位小师妹当成了主要研究对象。从此之后，“找到 ta”的服务对象便精准地定位为未婚女性。

朱剑飞的“找到 ta”能够快速成功，有以下几个原因。（1）他有丰富的创业经验，也有过单身经历。他也是一位连续创业者，他的第三家公司斯普咨询主要从事企业大数据分析，与数十家世界 500 强企业建立了合作关系。斯普咨询已经积累了近 2 亿用户的数据。朱剑飞想把这些数据变现，经过数据分析，他获得了 3 000 万单身用户的数据。他自己经历了漫长单身生活，直到 33 岁才结婚，他对单身人士的苦楚深有体会，如回老家遭遇逼婚，报名参加婚恋活动遭遇酒托、饭托等。于是，他立志帮助单身人士解决婚恋问题。

（2）设置了合理的奖励机制。该平台会根据用户的人气为其推荐数位合适的人选。此奖励机制可以调动用户发动好友为自己找对象，同时也可以把“找到 ta”传递给更多的用户。

（3）客户定位明确，就是未婚女性群体。这些客户年龄区间为 19~49 岁。客户数量达到 30 万的时候，朱剑飞把有婚恋痛点、舍得为婚恋这件大事投入的经济能力较强的群体列为核心客户。他继续研究单身群体，最后发现高学历、高收入的女性群体对相亲的需求最强烈。她们会报名参加各种相亲活动，比例高达 70%。朱剑飞刚开始还纳闷，她们生活在人才济济的大城市，为何找对象如此困难。他与很多这样的用户聊天之后，找到了答案：她们不愿意“将就”。她们认为自己条件优越，至少也要找和自己条件相当的，拒绝找条件比自己差的对象。正是基于这个原因，她们在化妆、美容、穿衣打扮等方面舍得重金投入，以此增强自己的吸引力，更舍得花钱寻找高质量的相亲渠道。

朱剑飞站在用户的角度考虑问题，经常与用户交流，了解用户需要什么样的服务。最后，他推出了两项服务：（1）促进沟通。很多用户说相亲的时候会遇到沟通问题，两个人找不到合适的话题，便尴尬地各玩各的手机；（2）提升吸引力。很多未婚女性说自己不会打扮，在相亲过程中很难给对方留下良好的第一印象，往往都是见面之后就没有下文了。朱剑飞聘请清华大学心理学老师为她们授课，找婚恋中介、红娘等帮助她们，结果都被她们否决。最后，朱剑飞招募了网络红人。这些网络红人往往是星座达人、情感大 V，他们会讲星座、讲感情、讲打扮等。用户一上线，就为用户推荐网络红人，用户很愿意关注，也变得更活跃了，停留时间由原来的平均 8 分钟提升到了 30 分钟。后来为了盈利，就推出了玫瑰、小跑车等道具，用户可以给自己喜欢的网络红人赠送礼物。

纵观那些成功的创业者，他们莫不是时刻站在用户的角度考虑问题。阿里巴巴时刻站在中小企业的角度考虑问题，考虑到它们做生意难、贷款难等问题，于是推出了蚂蚁小贷平台，有力地支持了中小企业的发展，获得了它们的大力支持。这些企业会主动帮助阿里巴巴宣传口碑，让阿里巴巴驰名中外。

努力实现用户与企业的共赢

酷划既是一款手机解锁软件，也是一个营销平台。很多使用过该软件的用户，都看到过 1 号店、阿里巴巴、京东等企业的营销活动。它成立仅仅一年，用户数就突破了 5 000 万，日均活跃用户数甚至高达 1 000 万。这些优异的成绩，对于一家成立不久的创业公司来说是一个奇迹。酷划之所以取得如此好的业绩，原因是其实现了用户与企业共赢。

酷划锁屏是一款解锁手机屏幕就能赚钱的 App，也是韩国最大的首屏媒体 Cashslide 的中国版。在韩国，Cashslide 积累了众多用户，并且是韩国第二大手机 App。张耀亮获得韩国 Cashslide 的独家授权，将此款软件引入国内，命名为酷划。很快，酷划就占据了移动锁屏返利应用市场份额的 60%~70%，成为了全球最大的锁屏返利应用。酷划销售的产品质量远远优于同类应用。酷划赢得了用户的好口碑，知名度一路飙升，美誉度也很高。

用户在手机上安装了此软件，每次解锁手机可以获得几分钱或几毛钱。这些钱可以购买商品、购买优惠券、购买充值卡、提现到支付宝等。酷划很重视用户的利益。据张耀亮说，酷划的成本中，很大一部分就是用户返现。

酷划为用户提供了三种主要的赚钱方式。第一种是用户通过邀请码邀请别人来注册，酷划对邀请者和被邀请者都会给予奖励。被邀请者可以获得 5 元，邀请者可以获得 2 元。第二种是用户左右划屏，就可以获得相应的收益。虽然每次赚钱只有几分钱或几毛钱，但是多劳多得。左划下载应用，只要每天签到就可获得一定收益，右划即时获得收益。只要用户划不停，酷划就能拿到更多的广告费用。第三种是用户参与促销活动，可以获得加倍返利。高频次参与的用户每月赚到的返利要比普通用户高出好几倍，正常参与的用户每个月大概能赚到十几元。酷划可以获得商家的销售提成。这三种方式都实现了用户与企业共赢，所以总能吸引用户主动参与。

可见，酷划的迅速成功是因为其设置了合理的奖励机制。俗话说，重金之下必有勇夫。在移动互联网时代，用户越来越珍惜自己的时间，企业要想发动用户的力量实现口碑传播，就要为用户谋福利，为用户提供赚钱的机会。

余额宝让用户的闲钱获得了收益，于是用户纷纷把自己的闲钱存放在余额宝里，并向自己的好友推荐余额宝。余额宝因此成为了全民理财工具。苏宁易购 App 升级后，增加了分享互动功能，用户成功邀请好友即可获得提成。一位用户觉得很有趣，便向其他用户推荐了苏宁易购 App，他在半个月内获得了高达 4 000 元的佣金。这些都是用户和企业共赢的例子。

所以，创业者要想获得好口碑，就要站在用户的角度考虑问题，研究合理的盈利模式、奖励机制，努力实现用户与企业的共赢。

企业多做一些，加强用户对企业的认可

这是一个服务为王的时代，企业不重视服务，就会被迅速淘汰。企业重视服务，并心甘情愿地为用户提供更多的优质服务，就会得到用户的高度认可，甚至不离不弃的拥护。

用户使用产品的过程中难免会遇到故障，如果企业的维修人员能够在最短的时间里帮助用户排除故障，用户就会念念不忘，主动为企业进行口碑宣传。

企业的服务人员主动帮助客户解决问题，就能提高用户对企业品牌的认可度。海尔青岛崂山培训中心的服务人员服务意识强，总能主动为客户提供更多的贴心服务，从而赢得了客户对海尔品牌的认可。

海尔青岛崂山培训中心对海尔职工来说，就是培养公司干部的场所，对外部人员来说，就相当于招待所。

有一年的阳春三月，客户张先生来到了培训中心。服务员小李发现客户走路时一瘸一拐，便主动上前询问："先生，您的脚怎么了？需要帮助吗？"张先生听后心里暖暖的，笑着说："谢谢，就是脚气犯了，忘记带药了。"说完，张先生就出去逛崂山了。等张先生回来时，他看到床前放了一盆热水，桌子上放着一瓶治脚气的药，他十分感动。后来在培训会上，张先生跟周围的人说起这件事情，感叹道："现在，我终于明白，海尔为什么做得如此成功！连到培训中心就职不到一年的服务人员都有很强的服务意识，都能做到想客户之所想、急客户之所急。我想没有哪家企业会在制度里写上遇到腿脚不方便的客户，服务人员该怎么做。只有全心全意为客户服务的人员，才能为客户做得更多、做得更好。"

第 14 课　如何让用户主动口碑传播

其实，企业与用户打交道，就像人与人的交往一样，你帮助了我，我就会感谢你，你有困难的时候我也会帮助你。如果企业能得到用户的认可，用户就会购买企业的产品或服务，这不正是企业获取用户的目的吗？

俗话说，要想得到，必先付出。企业要想得到用户的认可，先要为用户提供优质服务。吴先生受邀参加北京某会议中心的培训大会，培训结束后对该会议中心的服务十分认可，原因就是该会议中心的服务人员为参会人员提供了优质的、额外的服务。

吴先生告诉会议中心的服务人员自己到达北京的时间，服务人员告诉吴先生他抵京后坐地铁到天通苑地铁站，然后会议中心会有专车接送。果然，吴先生到达天通苑地铁站的时候，会议中心的服务人员已开车在此接待来自全国各地的参会人员。到了会议中心，服务人员安排妥每一位参会人员的住宿，还准备了丰盛的午餐。在服务人员的贴心服务下，吴先生与所有的参会人员愉快地度过了三天。培训大会闭幕的时候，服务人员询问了每一位参会人员要去的火车站、机场，并帮助他们购买了相应的地铁票。这些细小的服务，触动了每一位参会人员。吴先生后来对我说：“虽然一张地铁票才几元钱，但是这种设身处地为用户着想、全心全意为用户服务的态度令人惊喜和感动，我不由自主地对该会议中心产生了好感，对会议中心的服务更加认可了。”

由此可见，企业想获得用户的认可，其实并不需要为用户做多么惊天动地的事情，也不需要投入很多资金。只需要时刻为客户着想，为用户提供最需要的服务，就能获得四两拨千斤的效果，增加用户对企业的认可。如果企业的这种付出是真心真意、不求回报的，那么迟早会获得更多用户的好口碑。

第 15 课

最好的服务就是为用户解决问题

只有帮助用户解决实际问题，企业的服务才会得到用户的赞赏和感谢。如果企业提供的服务不能帮助用户解决问题，就是在作秀，这样企业既不能为自己吸引用户，也不会得到用户的好评。因此，最好的服务一定是能为用户实实在在解决问题的。

把用户的问题放在首位

要想以服务赢得用户的心，企业首先要重视用户，了解用户需求，并把用户的问题放在首位。这样企业提供的服务，才符合用户的需求，才能有效解决用户的实际问题。否则，企业推出的服务可能对企业的发展毫无作用，不仅不能帮助企业吸引用户、留住用户，还会白白浪费企业的人力、财力。

纵观那些快速成功的创业者，他们莫不是把用户的需求放在了首要地位。史玉柱研发脑白金的时候，就是先了解到用户有希望增强体魄、提高记忆力、改善睡眠等的需求，最后研发出了“脑白金”，并一炮走红。小米长期关注广大手机用户，发现他们迫切希望用上智能手机，但是由于收入有限，无力购买昂贵的苹果手机。于是，小米团队研发出了一款高性比价的智能手机，一经推出，就被广大用户抢购一空。小米品牌也在已成红海的智能手机市场中一炮走红。华为企业以用户为核心，发现用户的手机隐私保护不够高，便为用户研发了具有指纹解锁功能的智能手机。华为推出的带有指纹解锁功能的荣耀 6 立即吸引了大批用户，在智能手机市场上打了一场漂亮的胜仗，迅速提升了华为品牌的知名度和美誉度。可见，企业重视用户、能把用户的问题放在首位，对于企业的发展和品牌知名度的提升都有巨大作用。

像这样把用户的问题放在首位的成功企业，不胜枚举。广西联通贺州分公司自成立以来一直把用户的问题放在首位，时刻以“用户服务”为中心，不断优化服务，给用户带来了许多方便，也获得了众多用户的好评。

很多用户抱怨在联通营业厅办业务总要排长队等候，希望办业务能方便快捷一些。广西联通贺州分公司非常重视用户的这一意见，着手筹划方案提升用户体验。为了方便用户的生活，缩短用户缴费的时间，分公司在成立初期就投入许多资金，增加了数台自助缴费终端设备，优化了服务环境，提高了工作效率。分公司还针对不会使用设备的人群，指定专人进行指导，旨在让每位用户都能快速使用终端设备，享受到便捷办理业务的服务。

广西联通贺州分公司还深入群众中进行调查，了解到客服人员每天都会接到数个用户报修、投诉或咨询电话，但需要等待两三天才会得到一个完善的解决方案。分公司针对此问题建立了与用户沟通的新机制，承诺接到反馈后“24小时上门为用户解决问题”。用户反馈他们对分公司改善后的服务满意度很高。还有许多用户表示，对于联通接下来的改善，充满了无限期待。面对用户的期待，分公司负责人充满信心地回应道：“我们一定会竭尽全力地不断完善用户服务体系，让所有人满意。”

可见，企业重视用户，把用户的问题放在首位，才能做出更好的产品，打造出更好的服务，进而快速地吸引用户，增加自己的品牌知名度，促进企业的飞速发展。

解决问题就是增加用户黏性

当企业拥有了一定数量的用户，就会开始关心用户黏性。很多企业吸引到了粉丝，但却很难留住粉丝。其实，企业如果能持续不断地解决用户的问题就能增加用户黏性。

那些努力为客户解决问题的企业往往能够提高用户黏性，获得用户的长期支持。例如，用户通常对自己经常购买的商品希望能享有一定的优惠，英国的Boots移动应用就是针对用户的这一需求所研发的，旨在为用户提供经常购买的商品的个性化优惠，并允许用户自己把需要的优惠券加载到会员卡上。这样用户到店消费的时候就可以直接使用个性化优惠券，享受到实实在在的优惠，用户也更愿意使用该应用购买自己常用的商品。可见，这种个性化的优惠券让用户对Boots移动应用爱不释手，也提高了其客户黏性。

国内也有很多企业不遗余力地为用户解决问题，以此来提高用户的黏性。城市商业银行开始进军社区银行（凡是资产规模较小、主要为经营区域内的中小企业和居民家庭服务的地方性小型商业银行都可称为社区银行），就是因为其将提升客户黏性视为经营胜败的关键。

社区银行会成为未来银行竞争的领域。这也是银行发现了客户对金融服务的便捷需求而作出的决策。部分城商行纷纷推出社区银行，以方便社区居民在家门口办理金融业务。

大多数社区银行是以便民利民、服务社区为己任，以金融普惠为宗旨，结合实际情况探索自己的发展之路的。宁波银行、南京银行等城商行和地方性银行已经开始在一线城市开设社区支行并在多个地区试点经营。

城商行纷纷进军社区银行，是因为社区银行是有效深入了解当地市场及居民消费习惯的有效窗口，能够直接了解到客户最想解决的金融问题。

城商行针对社区居民遇到的金融问题开展社区活动，来努力提高客户黏性，推动零售银行业务、社区银行业务、个人业务的不断发展。其中，零售银行业务对城商行的长远发展具有重要意义。

由于我国经济增长动力逐步向消费型转变，因此，零售银行业务将是我国银行业发展的一个重要方向。零售银行业务服务的主要对象是个人，具有交易金额较小、交易零星分散等特点。对于总体规模较小的城商行来说，选择发展零售银行业是最合适的途径。此外，我国城商行发展社区银行不仅发展空间大，而且方便拉拢客户，可快速提高客户黏性。城商行做社区银行要把自己定位为一个新型的服务平台，并为客户提供沟通、建议、辅导服务，指导客户在自己的 PC 端上完成很多金融业务，让社区居民办理业务更加便捷。需要强调一点，发展社区金融并不是简单地在社区开通网点，而是要维护好社区的客户，增强社区客户的黏性。

城商行发展社区银行有助于在人口聚集的社区快速地招揽到客户，迅速地提高其品牌知名度，只要能持续解决社区客户的问题，就能提高客户黏性。可以说，只要城商行重视用户的问题，并切实解决这些问题，就能够提高社区客户的黏性，在社区银行的市场中赢得更多客户，抢夺到更大的市场份额。

这是一个不光比拼产品，更比拼服务的时代，创业者如果只重视产品而忽视服务，不及时解决用户的问题，就会在竞争中败下阵。因为企业的服务不贴心，就无法提高用户黏性，不能积累到忠诚客户。企业只有想用户所想，关注用户的问题，并全力以赴地帮助用户解决问题，才能提高用户的黏性，获得持续发展。

第 16 课

客户第一：任何时候都不能轻视客户

大家常常听到这句话："顾客就是上帝。"意思是创业者要拥有服务客户的意识。在企业营销方面，企业想得到客户的关注和拥护，就要重视客户。企业和创业者在任何时候都不能轻视客户。如果企业家、创业者嫌贫爱富，就会让自己辛辛苦苦积累到的客户轻易流失，甚至毁掉自己的信誉。这一点上，我们创业者应该努力向创业导师马云学习，无论面对普通客户、还是面对股东，马云都始终如一地重视。阿里巴巴获得的巨大成功，就得益于马云在任何时候都将客户放在首位。

在销售的每个环节都要做好服务

我们一般以成交为界限，把销售中的服务划分为三个部分，第一部分是售前服务，第二部分是售中服务，第三部分是售后服务。

传统企业往往只重视售前服务，一旦把商品卖出去，就觉得万事大吉，懒得再理会客户了，很多客户对此表示不满。而新兴的互联网企业更加注重为用户提供更贴心的服务。

销售中的各个环节是环环相扣的，做好售前环节的服务能够推进售中环节的发展，而做好售后环节的服务，就可能将用户变成回头客，为企业带来二次销售、持续销售。一个不重视售后服务的企业，已很难获得好的成交量。因为你的服务令用户满意，用户就会主动帮助你进行宣传。所以说，企业能够建立好口碑，就能让自己的营销工作越来越轻松，甚至一劳永逸。

企业要想在激烈的市场竞争中获得最后的胜利，就要在销售各环节都做好服务。众所皆知，家电企业的竞争压力越来越大。各大家电企业要想获得用户的忠诚拥护，做好售后服务尤为重要。每年的“双十一”大促期间，家电企业凭借低廉的价格总能获得满意的销售业绩，但它们仍会认真地进行大量的售后服务工作。因为决定家电企业胜败的关键就是售后服务。

为了在 2015 年的“双十一”大促中获得较好的营销效果，三大家电电商平台苏宁、京东、国美都大力提升了各销售环节中的服务水平，特别对售后服务作出了承诺。京东在“双十一”前夕宣布将推行了两年的“30-30-180”三包服务延长至 2016 年，其中“30-30-180”的意思是“30 天内价格保护，30 天质量问题可退货，180 天质量问题可换货”；国美在线也作出了“30-30-180”的承诺，延长了商品退换货的有效期，甚至作出了“30 天无理由退货”的承诺；苏宁易购承诺严格执行国家规定的三包政策，即“发生性能故障，7 日内包退，15 日内包换”。显然，家电企业的服务赋予了消费者更多的权益，有助于消除消费者的后顾之忧。

家电企业之所以如此重视售后服务，主要有三个原因。

（1）家电属于耐用消费品，用户从下单到收到货，才是消费体验的开始。通俗地讲，商品送货上门、安装、后期的维修等服务都属于消费体验的过程。消费者在使用家电的过程中可能会碰到疑惑、质量问题，甚至安全事故，这都需要企业完善的售后服务保障。而且在家电产品的整个生命周期内，都需要完善的售后服务保驾护航。也就说，只要消费者还在使用企业的家电，就随时需要企业的售后服务。尤其是使用时间较久的家电，会需要更多的售后服务。

（2）价格不再是决定消费的关键因素。随着人们经济水平的提高，人们的消费理念发生了改变，人们更看重产品的品质而不是价格。而企业的产品质量和售后服务则决定着消费者是否能够享受到完善的服务，获得有品质的生活。

（3）对于电商平台本身来说，决定其长远发展的不仅是销售数字，还包括通过好的售后服务所形成的平台口碑。家电平台商要获得可持续发展，就需要建立完善的售后服务体系。如果平台商不能有效解决消费者的投诉、售后问题，迟早会被用户诟病，最终影响到平台的信誉。

家电商不仅要敢于承诺自己的服务，最重要的要兑现承诺。而现状是包括京东、国美、苏宁易购等很多家电商的售后服务不尽如人意。例如，国美的消费者反映网站与厂家互相推卸责任，不能按照承诺解决用户的售后问题，为国美招来了不少的投诉。再如家电电商巨头苏宁易购，当消费者反映商品质量问题的时候，网站大多要求消费者自行送修，令消费者很不满。

所以，无论哪个行业都应该做好销售环节中所有的服务，并以消费者满意为准则，相信这样企业很快就会凭借完善的服务体系，树立品牌、赢得口碑，从而在激烈的市场竞争中胜出。

把顾客当成上帝而非金主

现实中，很多企业家、营销人士口口声声说“顾客就是上帝”，却把顾客当成“金主”，如果顾客不购买商品，就态度大变。把顾客当成金主，是只顾眼前利益而忽视长远利益的表现。只有创业者把每一位顾客当成上帝，才能获得良好的口碑和信誉。

芬克斯酒吧位于耶路撒冷，是一个名叫罗斯·恰尔斯的人开的。有一次，前美国国务卿基辛格来到这里，想带着自己的下属一起到这个酒吧休闲娱乐。于是，他亲自给芬克斯酒吧的老板洛斯奇阿尔斯打电话表示，他要带十个下属一起过来，希望老板到时候拒绝其他顾客。如此地位显赫的国家领导光临小店，是很多小店老板梦寐以求的事情。然而，该酒吧的老板罗斯不卑不亢地回答道：“欢迎您光临小店，这是我的荣幸，但是要我到时候拒绝其他顾客，我不能这样做。他们都是我的老顾客、我的上帝，都是支持过小店的人。我因为您的到来就把他们拒之门外，会失去信誉。”基辛格只好扫兴地挂了电话。后来，这家小店被美国《新闻周刊》杂志评选为全球最著名的 15 家酒吧之一。

芬克斯酒吧的老板并没有因为地位显赫的基辛格要来，就拒绝光临小店的普通顾客。他把每一位顾客都当成了上帝，尊重每一位顾客，从而树立了信誉，形成了口碑。可见，创业者要把自己的信誉看得比钱财更重要。无论在什么情况下，都为顾客提供上帝般的待遇。这样企业就会通过信誉、口碑吸引来不计其数的顾客。有了顾客，企业还愁没钱赚吗？

创业者把顾客当成上帝，可以获得好信誉，吸引顾客持续地购买自己的产品，甚至当自己遇到困难的时候，也会获得顾客的帮助、支持。“切糕王子”阿迪力，一直把顾客当作上帝，为用户提供质量最好的切糕，重视顾客利益，并且不管什么时候都把顾客的利益放在第一位，从而为自己树立了良好的信誉。后来发生了一次意外事件，差点令阿迪力的店铺难以生存下去，最后阿迪力积极与顾客沟通，得到了顾客的支持，将他的店铺的损失降到了最低。

2015 年 8 月 30 日，“切糕王子”阿迪力因为与淘宝沟通出现问题，误以 0.35 元的价格卖出 4 万份切糕，致使小店陷入破产的危机。后来，他在媒体上表示，希望已拍顾客能申请退款，他们将给每个顾客免费发放一小份切糕作为感谢。到了 9 月 3 日，大部分顾客已经申请退款，这让阿迪力和所有的人士感到很意外。在如此短的时间内，顾客没有要求解释就谅解了阿迪力，并主动选择退款，从而让这家小店起死回生。这次“沟通问题”引发的意外，在几天内就得到了解决，虽然“切糕王子”有一定的损失，但是将其降到了可以承受的范围之内，这也算逢凶化吉。

阿迪力表示，“切糕王子”小店的事件能够迅速地解决，归根到底是因为他把顾客当成了上帝，并与顾客积极地沟通。他还表示，你如何待顾客，顾客就会如何待你。

创业者把用户当成上帝，才可以获得好信誉和顾客的信任与支持。创业者在创业过程中，在生意兴隆的时候也不能冷落顾客，应该始终如一地把顾客当成上帝。这样顾客不仅会助力你的事业获得持续发展，还可以帮助你度过危机。你的事业才会获得长远发展，获得源源不断的收益。

不要怠慢任何一个踏进店铺门槛的人

俗话说："来者都是客。"每个人都要讲究待客之道，创业企业同样如此。如何对待顾客，经营者应该做到心中有数。顾客光临小店的目的大多一样，就是希望找到自己需要或喜欢的产品。聪明的创业者或企业会尊重每一位光临自己店铺的顾客。只有创业者不怠慢任何一位顾客才有机会把自己的品牌推广给更多的顾客，为企业赢得好口碑。

很多成功的企业都是通过在自己的体验店、专卖店内推行优质服务，从而获得营销成功的，苹果体验店就是典型的代表。这与苹果体验店工作人员的服务息息相关，他们从不怠慢任何一个踏进苹果体验店的顾客。

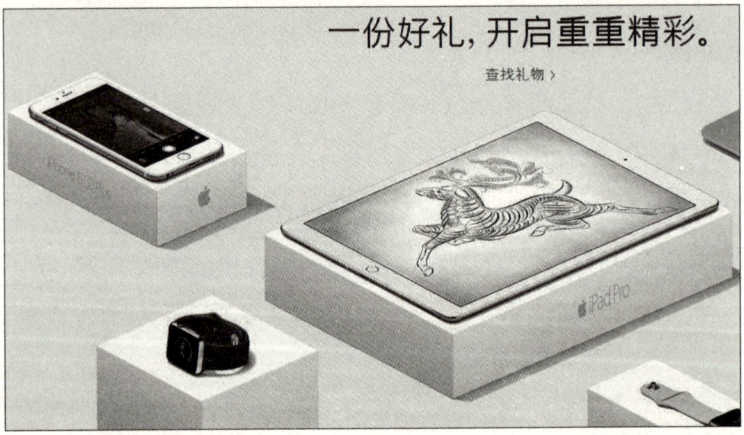

苹果体验店的工作人员把顾客真正地当成了上帝。无论什么样的顾客踏进苹果的体验店，工作人员都允许他们自由自在地体验苹果的产品。

即使是小孩子来到苹果体验店，在苹果手机、电脑上玩游戏，遇到不懂的地方向工作人咨询也会得到工作人员的耐心指导。美国曾有一位顾客牵着一只山羊来苹果零售店，并且在店里叫了外卖，但工作人员并没有请他出去，依然让他尽情地体验苹果产品。有一对情侣，冲动之下，在苹果体验店举办求婚仪式，苹果工作人员也都尽了举手之劳。这样的例子不胜枚举。

苹果体验店的工作人员能够如此地包容顾客，与苹果公司对员工的要求有关。苹果公司鼓励员工与顾客交流，给用户丰富的用户体验。公司要求员工对所有的顾客面带微笑，相对于员工拥有多少知识，苹果公司更关心员工是否重视顾客、对公司和产品有没有激情。

在公司这样的要求下，苹果的员工具有很强的服务意识，绝不会怠慢任何一位踏进苹果企业的顾客，从而成功营销了苹果的品牌和服务，并形成了好口碑。

那些还在为寻找客户发愁的创业者、企业家，一定要重视顾客，全心全意地服务顾客，严格要求自己，不怠慢每一位踏进企业门槛的顾客，这样才能促成交易。

Part5

互联网营销：让初创企业声名鹊起的法宝

互联网营销就是以利用互联网为主要手段，为达到一定营销目的而进行的营销活动。互联网营销亦称网络营销，其最大的特点就是低成本，适用于资金匮乏的初创公司，同时互联网传播范围广、速度快，往往能获得立竿见影的营销效果。毋庸置疑，互联网营销就是让初创企业声名鹊起的法宝。

第 17 课

粉丝经济，练好“吸粉”大法

“粉丝”蕴含着巨大的经济能量。明星粉丝经济效益非常可观，很多企业与明星合作，看中的正是明星的粉丝价值。不仅明星的粉丝能够创造巨大的经济效益，普通创业者的粉丝同样也能带来可观的经济效益。因此，创业者要大力发展自己的粉丝，练好“吸粉”大法，玩转粉丝经济，分享粉丝红利，这样才能拉动自己企业的经济增长，推动企业发展。

粉丝是企业发展最大的智囊团

粉丝经济正大行其道，2015 年第四届《中国好声音》导师团队换了一张新面孔，他就是著名歌手周杰伦。他的出现让《好声音》的现场被大家誉为了周杰伦的粉丝见面会。

《中国好声音》第四季看重的不仅是周杰伦的音乐实力，更看重周杰伦的粉丝影响力，所以不惜重金邀请周杰伦担任导师。第四届《中国好声音》收视率再创新纪录，周杰伦的粉丝功不可没。

很多企业也正努力发展明星的粉丝经济。早期，企业发展粉丝经济就是依靠粉丝赚钱，而随着粉丝经济的不断发展，企业不仅借助粉丝的影响力赚钱，还借助粉丝的智慧发展企业。于是，越来越多的企业把粉丝视为了企业发展的最大智囊团。

俗话说："三个臭皮匠胜过一个诸葛亮。"这句话说明群众的智慧不可小觑。企业集思广益，就会获得发展的良策。于是，企业开始把粉丝视为自己的"大脑"，向粉丝征求建议、征集创意。

企业借助粉丝的力量做营销，就要努力增强自己与粉丝之间的黏性，这离不开互动。企业通过与粉丝的互动可以了解到粉丝的真实诉求，最大程度地消除粉丝对企业的误会与不满，更重要的是，企业还可以通过互动获得一些高质量的粉丝建议。

顺丰优选实现了顺丰的物流、仓储、线下销售资源的整合，又盯上了上游的生产领域。为了抢占上游市场，顺丰优选与罗辑思维合作，联手推出了定制化月饼，该月饼一经推出，就大受好评。罗辑思维的粉丝在这当中就起到了智囊团的作用。

在合作过程中，顺丰优选与罗辑思维各司其职。罗辑思维负责向粉丝征集产品建议、包装创意等；顺丰优选利用自己的采购渠道优势，负责月饼原材料的选购、生产厂家的联系、仓储的管理、运输的安排、销售的筹划等整个供应环节。结果他们推出的定制月饼销售金额突破一亿大关，一举成功，顺丰优选也迅速拿下了"上游"市场。

顺丰优选与罗辑思维首次做定制化月饼就大获成功，说明他们的产品得到了市场的认可、受到了消费者的青睐。他们之所以能做到这一点，就是与其潜在的目标客户——粉丝，积极互动的结果。在交流过程中，他们主动、诚恳地向粉丝征求建议、征集创意，了解了粉丝对月饼的真实需求。最早购买月饼的粉丝，也会在粉丝群体中宣传，其他粉丝就会忍不住去购买自己参与出谋划策的月饼，最终促使月饼营销圆满成功。

粉丝能最大程度地提升客户转化率

在粉丝经济背景下，企业纷纷培养自己的粉丝，利用自己的“吸粉”大法，获得了大量的粉丝，但是令他们苦恼的是，其中有不少“僵尸粉”。其实，企业培养粉丝的目的并不是为了追求粉丝的数量，而是为了提升客户转化率。那么什么样的粉丝才能提高客户转换率呢?

据研究数据显示，大多数电商的客户转化率低得可怜，约为 0.5%，有约 99.5% 的客户流失掉了。随着用户注意力越来越分散，停留时间越来越短，客户流失的比例会越来越高，客户转化率也会越来越低。因此，电商要借助其他网路营销手段来提升客户转化率，利用互联网工具了解客户的购物行为特征，并使之转化为订单量，把粉丝转化为客户。

创业者要认识到自己需要的是有可能转化为企业目标客户的有效粉丝，并想办法实现转化。我们以传播范围最广的微博为例，总结出创业者通过粉丝提高客户转换率需要把握四个要素，即找到用户、微博个性化、积极互动和持续更新。

（1）找到用户。创业者要利用粉丝提高自己的客户转换率，首先要有粉丝，而且要达到一定的数量。创业者可以主动关注潜在粉丝，也可以用设置标签等方法吸引粉丝。

（2）微博个性化。微博的显著特点是“关系”“互动”，因此创业者微博的内容、形式都应彰显公司的个性和特点，这样才能吸引用户关注。创业者经营公司微博，其实与打造品牌、研发产品一样，从功能层面就要具有差异化，在感性层面更要追求个性化。这样的微博才具有独特的魅力，才会在成千上万的微博中吸引用户关注，继而获得粉丝持续关注，提高粉丝的忠诚度，培养出一批铁杆粉丝。铁杆粉丝基本上都可以转换成你的客户，创业者铁杆粉丝的比例越高，客户转化率就会越高。

（3）积极互动。创业者要培养高黏性的用户、铁杆粉丝，一定要积极地回复粉丝的留言、评论等，让关注你的粉丝感受到你对他们的重视。除了回复粉丝们的评论，创业者还需要关注粉丝，这样粉丝就会感觉到你把他当作了朋友，也会打心里把你当作朋友。

（4）持续更新。相信很多 QQ 用户都有浏览好友 QQ 空间的习惯，那些经常更新说说、相册的 QQ 好友，更易吸引我们的关注，而且评论也较多。可见，QQ 空间持续更新能够提高用户的关注度。创业者的微博亦是如此，只有持续更新微博内容才能吸引用户、粉丝的关注，才会获得粉丝的互动、评论。因此，创业者最好每天定量、定向地发布内容，这样粉丝登录微博，看到你的微博有了新动态，就不会忘记你。你发布的微博内容互动越多就越有吸引力，就会吸引更多的目标客户，并逐渐积累铁杆粉丝，实现更多的客户转化。

另外，要想通过粉丝提升自己的客户转换率，创业者还需要掌握精准营销。精准营销一方面可以吸引粉丝，另一方面可以提高客户转化率。创业者通过精准营销能够洞察粉丝的兴趣、互动方式，能够抓住粉丝的心理，获得粉丝的高度认可，从而全面提升客户转化率。

第18课

朋友圈经济，从“他的客户”到“我的客户”

如果企业没有抓住微博营销的良机，就更不能错过微信营销的先机。手机用户每天不一定用微信聊天，但是一定会看朋友圈内的新动态。一些洞察力敏锐的创业者正是发现了用户的这个习惯，便开始利用微信进行营销，从而催生了一种新的经济——朋友圈经济。通俗地讲，就是利用朋友圈做生意、赚钱。草根创业者之所以会殚精竭虑地在朋友圈做营销，是因为它不仅零成本，而且收益也具有无限的可能性。它能把淘宝商户、京东商户、品牌专卖店的客户变成自己的客户，即从“他的客户”到“我的客户”。如果我们能够通过朋友圈营销获得成千上万的客户，那么朋友圈营销的道路就会越来越宽敞、越来越畅通，生意就会一直红红火火，利润也会细水长流。

朋友圈的广告蕴藏着巨大的能量

微信朋友圈原本是一种社交工具，但由于具有高人气，所以被很多创业者用来进行营销，逐渐演变成了创业者与企业新的营销渠道。

随着移动互联网的不断发展及智能手机的快速普及，社交媒体的不断涌现令“朋友圈经济”正日渐形成规模，并开始影响人们的消费观念、购买决策以及购物方式。朋友推荐、熟人介绍这种“老带新”的营销方式是非常符合我国特色的营销模式。在微信朋友圈，你不需要投入太多的时间，就可以轻松地获得数量可观的目标客户，并可以与他们保持联系，于是很多创业者把朋友圈视为一种很好的营销利器。

在朋友圈发布产品广告后，对你的产品广告感兴趣的人，就会快速地回应你，如果你发在微信朋友圈的广告，没有得到任何回应，那说明你的广告做得很失败，需要立即重新策划产品广告。那么朋友圈的广告如何做，才会取得好的营销效果呢？我们经过深入地研究、观察，总结出了朋友圈营销的五种有效策略。

（1）循序渐进，先积累信任。微信朋友圈是一个分享平台，不是广告平台。因此你先要在微信朋友圈分享自己生活中的点点滴滴，尤其是趣事，吸引潜在客户的关注，赢得他们的信任。这就相当于将万丈高楼的地基打好了，你再营销产品就会事半功倍。如果你在朋友圈只一味地发广告、营销产品，用户就会对你产生反感。

（2）分享产品的价值点。营销切忌“王婆卖瓜，自卖自夸”。以营销玉器为例，我们可以与好友讨论玉器的文化、成色、工艺等客户关心的知识，适时提一下自己的玉器。这样你分享了玉器产品的价值，那些原本对玉器陌生的用户也会对玉器产生兴趣，那些喜欢玉器的用户，就会把你当成行家，主动与你交流玉器知识。这样做比直接打广告效果好很多，而且你得到的往往也能是高质量的客户。

（3）力求线上营销、线下推广销售相结合。如果你经营的是同城产品，你就可以采用此策略，在微信朋友圈分享自己的生活点滴、产品特色、产品的文化、成功案例，然后把线上的客户导流到线下的实体店。

（4）鼓励用户分享产品体验。换句话说，就是借客户的口来赞美你的产品。你可以鼓励购买自己产品的客户在朋友圈晒单，然后自己截图发出去；你也可以鼓励客户分享自己与产品的故事，然后转发到自己的朋友圈。这都是含金量很高的广告，会帮你获得非常好的营销效果。为了提高客户晒单、分享产品故事的积极性，你可以给客户赠送礼物等。例如，很多淘宝卖家会在购物包裹里塞上一张写着“五星级好评，截图给客服，即可获取 5 元现金券”的单子，这就是通过奖励来鼓励用户晒单，实现产品营销的一种方法。

（5）尽量少打扰好友。换句话说，就是你要控制在朋友圈发广告的次数。那么，要想获得好的广告效果，你就要选择在大家活跃的中午或晚上发广告，这样你在朋友圈发布的广告才会被更多的人看到，达到广而推之的效果，又不会惹人烦。如果你肆无忌惮地在朋友圈打广告，只会不断地透支好友对你的信任。这样就会降低用户体验和朋友圈的质量。你再想在朋友圈营销产品，就一点机会都没有了。

基于信任基础上的口碑营销

创业者要进行口碑营销，就必须要打下坚实的营销基础。朋友圈经济拥有坚实的营销基础——信任关系，因此在朋友圈里开展口碑营销往往能有意想不到的效果。从某种程度上说，朋友圈经济是一种基于信任基础上的口碑营销。

通过朋友圈可以快速建立信任关系。如果说微博像一个大客厅，大家都可以来畅所欲言，那么微信就像小单间，可以一对一地私聊、谈心，彼此之间能够更快地建立友好、信任关系。只要微信朋友圈的好友信任你，你推荐的产品就更易得到用户的认可，往往能获得高效的营销结果。如果顾客信任你，即使他自己不需要，也会把你的产品分享给他的微信好友，这样你就实现了口碑营销。

我们长期观察、整理众多朋友圈营销案例，总结出了进行朋友圈口碑营销的五个常用方法。

（1）用好质量为口碑加分。俗话说："金杯银杯不如老百姓的口碑"，口碑无法用价值来衡量。有钱能买来金杯银杯却不一定能买来口碑。口碑与产品质量、服务质量、品牌形象息息相关。要想获得好口碑，就要打造高质量的产品、优质的服务，只有产品质量过关，才能为口碑加分，才会赢得客户的持续信任。

（2）提供贴心服务。如果产品的质量能够经得起客户的考验，但是服务很差劲，相信客户再次购买产品的可能性也很低，甚至还会在朋友圈说你的服务不好。俗话说："好事不出门，坏事传千里。"互联网上的负面信息似乎传播得更快。因此，你在朋友圈进行口碑营销的时候，不仅要严格控制产品质量，而且要努力提供贴心的服务，能够打消客户的疑虑，让顾客更加舒心，进一步相信你，从而让新客户变成老客户。

（3）要有明确的产品定位。朋友圈是一个小圈子，用户数量有限，要想把圈子里的大多数人变成你的客户，你的产品一定要有吸引力，一定要独具特色。为此，创业者应该选好某一类产品，然后把它做精。小而精的产品往往容易吸引用户的关注、获得用户的好评，有利于产品推广。

（4）切忌刷屏。经常听到身边的人说，其朋友圈很多人都在开微店，整天发大量的商品图片信息，每次浏览朋友圈除了商品广告还是商品广告，忍无可忍只好把开微店的好友屏蔽了。可见，用户很讨厌好友在朋友圈疯狂刷屏。因此，创业者要尽量少在朋友圈发布产品信息，最好每天在朋友圈只发一次商品推荐，并把商品的亮点展示出来。

（5）利用朋友圈熟人快速获取创业的第一桶金。刚开始，创业者的客户往往会很少，需要积累一批核心客户，支持其业务发展。创业者不妨利用微信营销把朋友圈熟人尽快培养成客户，这样不仅能获得订单还更容易树立口碑。通过熟人把口碑树立起来，就可以在朋友圈进行口碑营销，在熟人的口口相传中，你的客户也会成倍增长。

要想吸引朋友圈的人喜欢你的产品，首先要了解他们的需求，然后根据目标用户的需求推荐产品，这样营销效果才会更好，也更容易树立好口碑。

朋友圈的信任关系，是口碑营销发展的沃土，如果你能通过营销让客户产生信任感，就能促进企业的发展，获得更多的经济收益，也会让产品营销传播得更广泛。这就是基于信任关系的口碑营销。

第 19 课

自媒体经济，人人都是传播媒介

自媒体会形成媒体价值，产生盈利，这就促生了自媒体经济。自媒体经济得以发展的基础就是人人都是传播媒介，自媒体具有了媒体的属性，就具有了媒体的价值，这种价值被挖掘出来，其经济效益很庞大。

一次转发所带来的巨大经济效益

微信自媒体“林杉声音杂志”上线后，推送诗歌仅两天，转发量就高达 30 万次。此消息一出，便激起了人们对自媒体的关注，也让该自媒体声名鹊起，具有了普通媒体的知名度。李宇春的微博粉丝超过了 300 万，被凡客诚品邀请担任代言人，她发表了“生于 1984，我们是凡客”的微博，8 小时转发量超过了 16 万次。这让我们不由自主地把转发与经济效益联系起来，猜想这些转发可以让多少 80 后关注凡客诚品，可以为李宇春带来多少收益。

自媒体转发一次信息，就会被成千上万的用户关注，其营销的价值是惊人的。如果自媒体转发了企业的产品内容、企业信息、促销信息、营销活动等，就可以为企业带来巨大的经济效益。企业在黄金节目上做广告动辄几百万元，甚至上千万元，可在黄金时段的节目上做广告效果虽好，但对于资金匮乏的创业者来说根本没有能力实现。因此很多中小企业在营销时选择了成本低、效果不错的自媒体营销。

自媒体仅仅依靠转发企业的广告就可以创造巨大的经济效益。自媒体制作的广告内容往往容易抓住传播点，不仅能够吸引众多粉丝的关注，还能激发许多用户的转发、评论，会在整个互联网上引爆品牌，其创造的营销价值毫不逊色于电视广告，而投入的资金成本却比黄金时间的电视广告低很多。

自媒体的关注人数决定了其媒体价值的大小。要获得用户的关注，就离不开自我挖掘和价值分享。

经过仔细观察就会发现，大部分自媒体人会在自己的微博或微信上写一些自己熟悉的内容，有的总结自己的从业经历，有的观察分析自己对某一行业的认识。这是一次海量信息的重组，是一种人生智慧的沉淀和经验的总结。自媒体人往往借此来吸引用户的关注。因为他们的这些经历、认识，对于用户来说是独特、新鲜、有趣、有价值的。如果自媒体人能够获得用户的转发，其媒体价值就会更大。

新浪微博自媒体“琢磨先生”，粉丝数量高达 260 万人，有一个月他仅发了两条广告，转发量高达 8000，便获得了 7000 多元的收入。

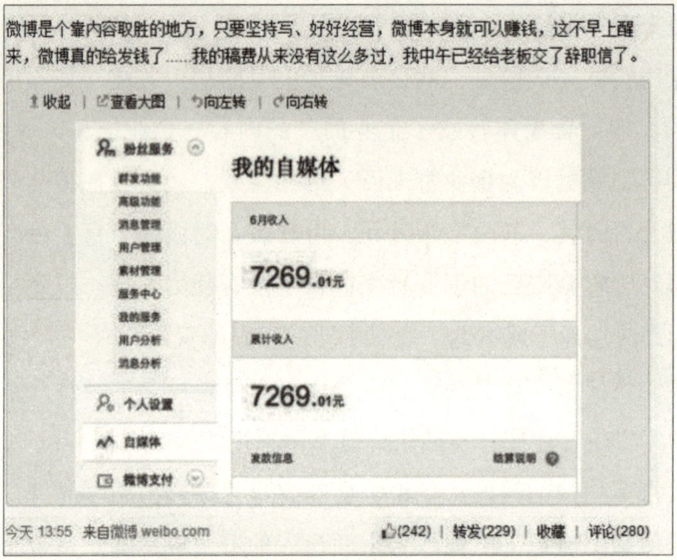

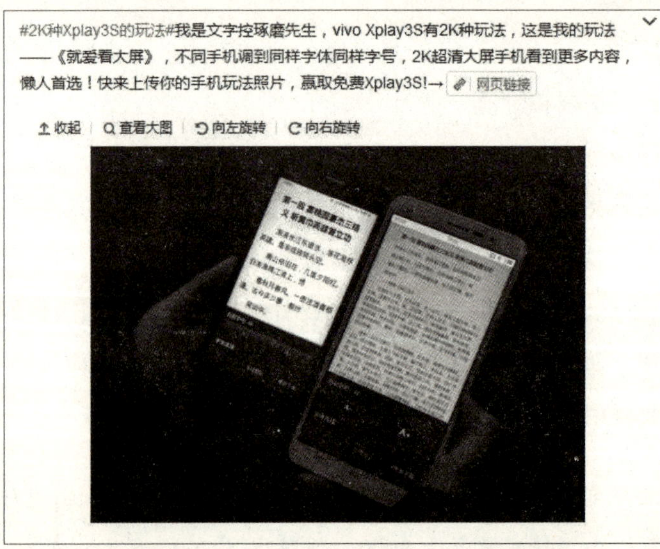

“琢磨先生”在微博中写了很多原创内容，转发量高达数千次。2015 年 11 月 5 日，他发布了一篇原创文章《你对了又怎么样》，转发量已经

超过了 3000 次。试想一下，他在内容里面提一下某品牌，就可以把品牌推广给数千人。而商家要策划一次相同规模的营销活动，费用至少也得数万元，但也未必能获得这么好的营销效果。可见，自媒体营销不仅节省了企业的营销费用，还能让企业获得更好的营销效果。

自媒体就是鼓励每一个人来当自己的传播媒介，优秀的自媒体往往能够获得很高的转发量，企业也会因此主动上门寻求合作，从而实现双赢。

不可忽视的自媒体营销

随着移动互联网、社交媒体的蓬勃发展，企业的营销开始偏重于自媒体。

现实中，大部分自媒体被社会所忽视，甚至遗忘、轻视。但是，他们坚持不懈地创造好内容，付出终有回报。在人人都是自媒体的时代，个人的话语权越来越大，那些拥有好内容、海量粉丝、一定转发量的自媒体，就具有媒体价值，通过其进行品牌营销或产品营销，就能获得良好的营销效果。当然这个效果也要根据投入而定。

众所周知，优秀自媒体的传播能力和推广效果往往令人惊喜不已，所以很多企业开始做起了自媒体营销。然而不是每个自媒体都能获得令企业满意的营销效果，如何才能让自媒体营销成功，成为了广大创业者和企业最关心的问题。自媒体营销想要成功，一定要把握以下四大要点。

（1）努力提升用户黏性。选择忠诚粉丝多、内容吸引人的自媒体，这样的自媒体才具有超强的营销能力，才能发挥出更好的营销效果。

（2）姿态要放低。得益于微信、微博等社交媒体的广泛应用，人人都可以构建自媒体，自媒体犹如雨后春笋般涌出。自媒体人凭借好内容的确可以吸引很多关注者，但是想留住用户，还需要把用户当作朋友，尊重用户，与用户平等相处，切忌摆出一副高高在上的姿态。做自媒体一定要平民化、草根化，一定要与你的用户友好、平等地交流，这样才能赢得更多用户的喜爱。

（3）与受众保持沟通。进行自媒体营销要做好打“持久战”的准备，操作过程中一定要细心，一定要重视用户，主动地与用户交流，尤其要与自己的目标用户保持沟通。自媒体人可以组织热门话题讨论，引导目标用户参与讨论，并及时地回复用户，以促进彼此之间的沟通、互动。如果参与谈论的用户很多，自媒体人不能一对一地进行回复，可以采用统一回复的方式来提高与目标用户沟通的效果，以免让用户感觉被冷落。

（4）遵循自媒体社交原则。在讨论过程中，难免会出现争执，一些用户可能会出言不逊，甚至批评、攻击自媒体人的观点。如果自媒体人自己的观点错了也不要觉得丢脸，一定要勇敢地承认错误，并及时地改正。这样你的粉丝会认为你很真诚，会更加信赖你、忠于你。

第 20 课

O2O 经济，线上线下双管齐下

如今，无论是互联网企业还是传统企业，亦或是创业者，都开始实践 O2O，不断地发展线上线下相融合的 O2O 业务，从而催热了 O2O。O2O 的本质是线上线下的融合，这就需要企业在营销过程中线上线下双管齐下，既要开通线上营销渠道，又要开拓线下营销渠道，这样才能更好地分享 O2O 的盛宴。

开通线上渠道，打造 O2O 闭环

企业发展 O2O 离不开 O2O 营销。O2O 营销模式又称离线商务模式，是指线上营销线上购买带动线下经营和线下消费的营销模式。根据线上线下的先后关系，O2O 营销可以划分为两种模式，一是从线上到线下的 O2O 营销模式，二是从线下到线上的 O2O 营销模式。

线上到线下的 O2O 营销模式诞生于互联网发展初期，就是将线上的

消费群体引到线下消费，为线下的实体店增加客户，同时让消费者的消费更加便捷、实惠。这种营销模式能够让 O2O 两端的商户和消费者受益，必将受到他们的青睐。

开通线上渠道，就属于从线上到线下的 O2O 模式。典型模式有两种：一是携程的在线旅游模式，即用户通过线上购买机票、预订酒店，然后到线下乘坐飞机，入住酒店；二是线上购买或免费领取优惠券模式，如用户在线购买或免费领取肯德基、麦当劳等的优惠券，在线下实体店消费时出示，即可享受优惠。这是传统企业发展 O2O 经济必经的步骤。

O2O 营销模式非常适合必须线下消费的行业，如餐饮、理发、酒店、洗衣、打车、旅游、就医等行业。这些行业进行 O2O 营销，首先需要开通线上渠道。随着 O2O 模式的发展，传统企业需要加速开通线上渠道。企业开通线上渠道就能从网上吸引更多的客户，提升订单量。

随着 O2O 的不断升温及移动互联网的兴起，酒店业也开始尝试 O2O 营销。酒店利用 LBS 定位功能，加速开通线上渠道，让更多的消费者享受到更便捷的酒店服务。华住酒店就积极地开通多种线上渠道，为线下的实体店导流。

华住酒店开通的线上渠道有官网、App、携程、艺龙、去哪儿、微博、微信等，通过这些互联网渠道为线下的酒店导流。华住酒店开通线上渠道采用的策略是“以自有渠道为主，其他渠道为辅”。

我们可以将这些渠道大致分成三类：第一类是自有平台，如官网、App；第二类是 OTA 分销平台，如携程、艺龙、去哪儿；第三类是社交平台，如微博、微信。这些渠道满足了具有不同消费习惯的用户的需求。喜欢社交的消费者可以通过微信、微博来了解华住酒店；喜欢旅游的用户可以通过携程、艺龙、去哪儿来了解华住酒店；喜欢使用手机 App 的用户可以登录华住 App 来了解华住酒店。这些渠道可以为华住酒店带来更多的用户。

华住酒店注重经营自有平台渠道，这样做的目的是为了提升用户黏度，降低佣金成本，同时有助于其掌握营销主动权。酒店企业做 O2O，除了进行 O2O 营销，还需要不断地升级产品、提升服务。华住也认识到了这一点，设置了自助服务终端 Check-in，用户在此设备上扫描身份证就可以便捷地预订客房、办理入住、支付房款，然后到酒店前台领取房卡、发票。这提升了酒店的工作效率，为用户带来了便捷。用户获得了良好的住店体验，就会自发地到微博、微信等社交平台上分享，可以影响潜在消费者的消费决策，甚至会给华住酒店带来新的客户。这有助于形成线上到线下、线下到线上的 O2O 经济闭环，这也是很多企业，进行 O2O 营销的重要目标。即使是互联网大佬进行 O2O 营销，也不忘打造 O2O 闭环。

BAT 三巨头紧锣密鼓地开通线上渠道，不遗余力地打造 O2O 闭环。前瞻产业研究院发布的《中国生活服务 O2O 模式闭环策略与应用案例分析报告》显示，BAT 三大巨头的 O2O 布局均已经完成闭环。

百度依托百度地图和百度糯米服务，丰富了用户消费场景，如餐饮、酒店、电影院、公交、超市、商场等，开发或整合独立的 App 应用，把这些 App 在百度地图上互相打通，最终共建 LBS 生态。也就是说，用户在百度地图上可以便捷地获得餐饮、超市、电影院等这样的例子还有生活服务。

阿里巴巴形成了“支付宝+微博+高德地图+淘点点+美团+聚划算”的 O2O 闭环；腾讯形成了“微信+搜搜地图+大众点评”的 O2O 闭环。

这表示 O2O 闭环对于企业的发展很重要。其他企业要加快步伐开通自己的线上渠道，才能在 O2O 市场中获得更大的发展空间。

开拓线下渠道，丰富销售网络

众所周知，O2O 越来越重视用户体验，而产品、服务的体验往往需要在线下的实体店完成。所以，企业要加快步伐建设自己的线下渠道。

如果说开通线上渠道更适合传统企业进行 O2O 营销，那么开通线下渠道更适用于互联网企业。调查显示，大多数人还是习惯在线下实体店消费，尤其是人们购买大家电、贵重商品的时候，会毫不犹豫地选择到实体店消费。

互联网企业要想获得更多的用户，要想提升用户体验，就需要开拓线下渠道，否则很难扩大企业的发展规模。开拓线下渠道就是从线下到线上的 O2O 营销模式。从线下到线上的 O2O 营销模式的核心就是利用线下的信息展示渠道及各种线下推广活动等，将消费者引导到线上购买、支付，然后到线下消费。从线下到线上的 O2O 营销模式中，往往需要借助二维码这个导流工具。二维码被业界人士视为打通线下线上渠道的桥梁，事实上，二维码是一种从线下到线上引流的有效工具，商家可以把二维码印在宣传单、产品外包装、公交站牌等地方，相当于商家可以在任何地方开店铺、宣传产品。二维码是适合创业者使用的营销工具，它主要有两大优势：一是它可以利用庞大的智能手机用户群体，增加商家曝光率；二是营销成本低。二维码就是企业开通线下渠道的一种方式。很多依靠线上渠道成功的企业也开始重视并积极地开拓自己的线下渠道，代表者有小米、京东、阿里巴巴等。

小米在发展之初，由于资金有限，便尝试采用了纯网络渠道营销产品和品牌，最终大获成功。随着小米的不断强大，雷军认识到没有坚实的根基是行不通的，是不利于企业长远发展的，而线下渠道就是企业发展的坚实根基。尤其是 O2O 营销模式中，企业没有线下渠道，线上渠道就犹如空中楼阁。随着业务量不断增加，企业这座大厦就有可能垮塌，而线下渠道犹如坚实的地基，楼盖的再高也承受得住。

2015 年 10 月，美国市场研究机构 Canalys 在最新的声明中宣称，在 2015 年第三季度中国市场智能机出货量方面，小米从冠军宝座首次跌落，退居第二；华为则首次登顶，今年第三季度出货量高达 2 740 万部，同比增长 81%。小米在 2015 年第三季度中国市场智能机出货量仅为 1 850 万部。一时间，用户纷纷关注华为手机，甚至弃小米手机而改为购买华为手机。

此消息震惊业界，给小米造成了巨大压力。也许小米曾预料到了这一幕，但是这比它想象中来得更快、更猛烈。

不可否认，小米的饥饿营销、粉丝经济等线上渠道在其发展初期起到了巨大作用，让其在众多的创业公司中快速地脱颖而出，也让其快速地获得了创业的第一桶金，更让其获得了人们的掌声和喝彩。但是事物是不断发展变化的，企业发展也很少有一招吃遍天下的。尤其是手机行业，用户更加注重体验和服务，没有线下的实体店未免会让用户感到遗憾。试想，用户使用的手机出现故障，在线下找不到你的实体店，是什么样的心情？

事实上，用户更喜欢在实体店消费。市场咨询公司 GFK 曾研究线上线下渠道手机销量，得到一组数据：2014 年第四季度，国产手机线下渠道销量为 7 600 万部，2015 年第一季度增到了 7 700 万部，而线上渠道的实际销量从 2 500 万部下滑到了 1 900 万部，环比下降 22.6%。可见，线下渠道的销量呈现出增长的态势，而线上渠道的销量却不断减少。这无不说明线下渠道仍然是企业营销的主要阵地，所以企业一定要重视，并不遗余力地开拓线下渠道。

过度重视线上渠道的小米，其线下渠道非常薄弱。小米自成立以来，其线上渠道的销量所占比例高达80%左右，而线下渠道仅为20%左右。一家手机厂商如果没有线下渠道作支撑，它的线上渠道做得再好，企业也只能成为“空中楼阁”。随着千元智能手机集中上市，各大手机厂商认识到了单一渠道已经无法满足自身的发展需要，便纷纷开拓线下渠道。

小米也认识到，线下渠道的短板会让其在发展中处处遭到掣肘，于是不惜投入巨大的财力、人力来拓展自己的线下渠道。

2015年9月，小米直营店小米之家在北京盛大开业，这就是小米的线下营销渠道。雷军也对建设线下渠道作了明确的表态：“小米做产品，核心之一就是极度重视产品研发、品质和服务，为此我们不惜投入巨大的人力和物力来做服务直营店。”

小米下定决心开通线下渠道，还因为它实践证明线下渠道可以加强品牌推广效果。

在小米电视刚推出的时候，小米曾经在全国100多个城市举行了300多场小米体验活动，获得了高达19%的用户购买转化率。小米副总裁黎万强表示：“越来越多的消费者要求增加线下体验环节，而且实验效果很好。”

小米下定决心开拓线下渠道还有一个原因，就是为了打击“山寨”。

小米没有实体店的时候，线下很多实体店打着小米的旗帜销售“山寨”小米手机。这严重影响了小米的品牌形象和口碑。小米此次开通线下渠道直营店的目的就是为了摘掉“小米是山寨机”的帽子。

虽然小米果断地开通了线下渠道，但由于起步较晚，其效果并不明显。在用户体验方面，小米与一开始就发展线下渠道的 VIVO、OPPO 还相距甚远，因此小米建设线下渠道任重而道远。

企业发展要兼顾线上线下渠道，即使在互联网蓬勃发展的环境下，也不能忽视线下渠道的发展潜力，并要加大力度挖掘线下渠道的潜力。各创业公司应尽早开拓自己的线下渠道。

企业要想获得持续发展、越做越强大，仅有线上渠道还远远不够，必须快马加鞭地开拓自己的线下渠道，这样才能提升企业的营销能力，扩大品牌影响力；使企业飞得更高、更远。

Part6

情感营销：让用户认同企业的有力手段

人口流动使人与人之间越来越陌生。人不是机器，人需要真情实感，但是人们的这个需求很难被满足。创业者洞察到了人们对情感的需求，情感营销便应运而生。创业者为用户提供贴心的服务，与用户真诚地交流，往往能赢得用户的认可。那些打情怀牌的创业者，往往能够快速获得用户的支持，如罗永浩的手机在高于市场价的情况下，仍然能够得到众多粉丝心甘情愿的支持；ZUK 手机创业者在没有公布手机定价的情况下，就已经得到了众多用户的订单，从而创造了众筹史上最快的盲筹纪录。可以肯定的一点是，情感营销是让用户认同企业的有力手段。何谓情感营销？简而言之，就是与用户进行情感交流来巧妙传递企业的品牌信息，进而获得用户的认可。

创业者要设身处地地为用户着想，利用多种渠道加强与顾客的沟通，以消费者乐意接受的沟通方式引发用户情感上的共鸣。这样更容易传递品牌信息，聚集粉丝。

第 21 课

体验至上，用良好的体验留住用户

用户体验至上，是企业的生存法则。不少企业家在谈论企业生存之道时称：用户体验正成为驱动各个行业发展的原动力。用户体验好的产品会受到用户热烈欢迎，用户体验不好的产品会被用户抛弃。苹果公司的成功秘诀正是“用户体验至上”。

最好的互动是用户感觉到了快乐

企业获得一位新用户的成本是维护老用户的数倍，于是越来越多的企业开始思考如何更好地留住用户。经过不断地研究，发现企业要想留住用户离不开产品和互动。企业都有自己的产品，但未必都注重与用户互动。那些重视与用户互动的企业，其用户的忠诚度越来越高，其用户数量也在不断地增加。所以，企业不仅要凭借好产品吸引用户，还要通过互动来留住用户。

成功的创业者都十分重视与用户互动，并努力通过互动让用户感觉到快乐。用户往往需要依次与企业的市场、销售、客服三个部门交流，如果每个部门都能积极地回应用户，主动与用户互动，并在互动过程中使用户感到快乐，那么用户就会获得良好的体验。这样的企业更容易留住用户，甚至可以把用户变成忠实粉丝。网上店铺的商家们曾经探索过各种留住用户的方法，其中最有效的一种就是互动（另外三种是优惠券、短信和积分）。

相关调查显示，很多用户找到自己喜欢的店铺时会非常高兴。此时，他们就会积极地下单。他们往往可以获得良好的体验，并会在下次产生需要的时候继续在这家店铺购买。可见，用户对自己喜欢的店铺是有感情的。

商家可以利用 QQ 群、旺旺群与用户互动。一方面，商家可以把新用户加入新用户 QQ 群。当新用户咨询的时候，商家就提醒用户加入 QQ 群或旺旺群，以便用户与商家和其他用户交流，用户还可以看到其他用户的咨询内容。大部分用户都愿意加入新用户 QQ 群，商家可随时随地与新用户互动。

另一方面，商家遇到前来咨询的老用户，可以邀请他们加入老客户 QQ 群。实践证明，QQ 群和旺旺群是比较适合与老客户进行情感交流的地方，其中 QQ 群的使用频率更高。商家用 QQ 群与老用户互动有两个好处：一是投入成本低，二是与用户建立的关系很稳定。

老用户 QQ 群里的用户是在店铺消费过两次或两次以上的用户，他们有一个共同的特点，那就是第一次消费之后很认可该店铺，所以才会成为该店铺的回头客。而且，老用户加入商家的 QQ 群后可以获得新商品的信息，遇到问题时也可以得到商家及时的反馈。这样用户就获得了更好的购物体验。

商家要经常与老用户沟通交流、培养感情，尤其要快速地响应老客户并主动地与他们互动，让他们感觉到快乐。这样，用户就会记住商家，需要购物的时候就会主动找商家。有时候，这些用户不仅会成为商家的忠实顾客，还能形成口碑传播。他们会把商家的好产品主动介绍给自己身边的人，这样商家就可以获得更多的忠实顾客。

激发用户的参与感，获得用户的认同

相关研究机构的专家曾得出一个结论：购物者在购物过程中的参与感，购物者的消费体验，品牌与购物者之间建立的情感联系，有助于提高用户对企业品牌和产品的认可。

参与感营销是一种新的营销手法。参与感可以有效提高用户对产品和品牌的认同。

参与感营销并不是小米的首创，但是小米把参与感做到了极致。小米能够在竞争激烈的手机市场中脱颖而出，就是因为认识到了与用户进行情感交流的重要性。小米副总裁黎万强表示，研发团队与粉丝进行交流有两大好处：一是让小米获得了用户的需求，有助于小米及时调整研发方向，研发出更适合用户的产品；二是可以增强用户对小米品牌的参与感和认同感，使彼此之间的关系更密切。黎万强说："我们在做好产品的同时，顺手就完成了营销。"

有一家企业曾经在寒冬的公交车站牌上做了一个能激发用户参与感的烤土豆灯箱广告，得到了很多候车者的青睐，让自己的品牌和产品一炮走红。

经常乘坐公交的人都有过这样的感觉，越是在天气寒冷时，等车过程越煎熬，常常冻得手脚冰凉，浑身瑟瑟发抖。这时用户很盼望把一份热乎乎的食物捧在手里。这时候，看到身旁的广告灯箱上赫然印着一个烤得金黄的土豆，就会让人产生很想摸一摸它，蹭蹭热气的想法。好些人就会好奇地伸出冻得冰凉的手去摸土豆，似乎土豆仍然温热，还在发出"滋滋"的响声，散发着香味。旁边一闪一闪的按键，似乎提醒人们只要用手指按一下就会有惊喜。这触动了候车者的内心，让他们不由自主地记住了烤土豆店的地址。

很多看到这个广告的用户都在网上下载了优惠券，然后到那个店铺购买了麦肯食品（McCain）热乎乎的烤土豆。很快，该店铺就变得门庭若市。很多用户会捧着麦肯食品热乎乎的烤土豆等候公交车。

麦肯食品的土豆广告十分成功，其成功之处主要在于：首先，它给了用户多重感官体验，包括视觉、听觉、嗅觉和触觉体验，抓住了用户的眼球；其次，通过提示按钮激发了用户的好奇心和参与感，用户通过亲自参与获得了优惠券，然后产生了到店铺购买烤土豆的欲望。麦肯食品的烤土豆广告因为巧妙设计了用户参与的环节，所以火速蹿红，产品十分畅销。

创造极致的产品体验，让用户舍不得离开你

产品是企业发展的根本。成功的企业无不拥有极致的产品和服务。比如，公牛插座在安全方面，凭借其极致的产品体验，成为了用户购买插座时的首选；海尔冰箱在质量方面，凭借其极致的产品体验，成为了

人们最信赖的冰箱品牌之一；苹果手机在品质方面，凭借其极致的产品体验，成为了人们最想拥有的智能手机之一。

企业在营销的过程中要想提升用户黏性，最好的方法就是打造极致的产品体验。星巴克是驰名全球的咖啡连锁品牌，有一段时间，其投资回报甚至超过了可口可乐、百事可乐、微软、IBM、通用电气和沃尔玛等知名企业的总和。这令业界人士大为震惊，他们好奇地探究星巴克凭借什么秘诀缔造出了如此辉煌的咖啡王国。他们发现，星巴克的成功秘诀就是为用户提供了极致的产品和服务体验。

星巴克于 1971 年成立，第一家咖啡店开在西雅图的 Pike Place 市场。经历了半个多世纪的发展，星巴克已经成为了知名的咖啡连锁品牌。其超高的投资回报曾经轰动全球商业界。星巴克取得的成绩与它的营销策略密切相关。

星巴克自成立以来，就坚持不懈地为顾客提升体验，努力让用户满意。星巴克为用户提供了详细的宣传资料介绍星巴克的发展历史、世界各地出名的咖啡豆、咖啡的调制方法以及各种时髦的喝法。

星巴克为用户创造了一流的产品体验。星巴克为了满足不同口味顾客的需求，调制出了各种各样的咖啡。例如，“馥芮白”是在星巴克精粹浓缩咖啡中加入绵密奶泡，更浓郁甘甜；“焦糖玛奇朵”是在蒸奶中加入浓缩咖啡和香草糖浆，然后覆盖一层风格独特的焦糖图案，口味香甜，风味醇厚；“女神天韵口味”充满酸甜果味。它们令不同口味的用户对星巴克流连忘返。

星巴克之所以能调制出口味醇正的咖啡，原因在于其咖啡豆经过了严格甄选。星巴克的咖啡豆一般来自知名咖啡产地，并在西雅图烘焙。星巴克为了让用户品尝到更美味的咖啡，对咖啡的原料、工艺要求十分严格。

星巴克不仅为用户创造了极致的产品体验，还为用户提供了热情的服务。去过星巴克的用户往往对其产品和服务赞不绝口，都舍不得离开星巴克。星巴克创造的极致体验，不仅给自己吸引来了络绎不绝的用户，让自己的品牌更加响亮，也得到了丰厚的经济回报。

第 22 课 企业要善于营造良好的体验氛围

企业善于营造良好的体验氛围，才能更有效地吸引用户，激发用户的参与感。正因如此，很多商家都会在新品发布会上营造盛大节日的喜庆氛围，这样做往往能吸引大量用户。

百度钱包就曾借势“哆啦 A 梦”，营造了美好童年的氛围。百度激发了用户向往美好童年的情感，让他们忍不住想要体验一把儿时看过的动画片中的情景。最终，百度获得了一箭双雕的营销效果，既推广了百度钱包，又推广了百度电影。

积极与用户互动，在互动中了解用户的真实想法

创业者只有了解用户的真实想法，才能研发出超出用户预期的产品，才能打造出令用户惊喜的服务。这就要求企业必须主动与用户互动。

用户只有获得良好的体验，才会产生再次购买的欲望。如果企业能

贴合用户的真实需求做产品，就能得到用户的高度认可。

小米手机成为国内畅销的手机品牌，米柚系统成为安卓手机操作系统的佼佼者，都要归功于研发团队积极主动地与用户互动，在互动中了解到了用户的真实想法和需求。

小米要求自己的工程师必须在线与用户互动，了解第一手用户反馈信息以及用户对产品的真实想法。在米柚的开发过程中，其设计师、工程师积极与用户互动，了解到了用户对米柚的真实想法，使米柚实现了每周快速迭代。

创业者要想让用户积极参与互动，就要在互动过程中设置有利于用户参与的节点。小米在产品开发过程中设计了鼓励用户参与的众多节点，从而激发了用户的互动热情。

例如，小米团队为了与用户互动，专门开展了“爆米花”活动。

“爆米花”是小米活动平台，米粉在“爆米花”活动中可以与小米的合伙人现场互动、玩游戏。例如，2015 年“爆米花”第五站是西安，小米路由器团队参与了此次活动，现场与米粉积极互动，宣传了小米品牌和小米路由器。还有“爆米花之星”，它是米粉中的大明星，是小米公司给予米粉的最高荣誉。每一位“爆米花之星”都有机会被邀请参加小米“爆米花”年度盛典。2015 年小米“爆米花”家宴于 12 月 30 日在北京海淀举行。当日，小米会派出 8 位小米联合创始人与米粉欢聚一堂。小米本次“爆米花”盛宴还为参加的米粉安排好了住宿（免费），并给用户带来了各种惊喜。参与的米粉可以获得由 7 家小米生态链企业准备的丰富礼品。

在小米团队的热情招待中，现场的米粉畅所欲言，毫无保留地向小米的团队说出自己对小米产品的真实想法。可见，小米举办的“爆米花”

活动，不仅可以增进小米团队与米粉的感情，还能获得研发产品的第一手资料——米粉的真实想法。

所以，创业者一定要在了解用户想法的基础上研发、升级产品，这样才能获得用户的认可，不断地提升用户体验。

收集用户意见，尊重用户感受

创业者要想得到用户的好感，就要重视用户意见，随时随地收集用户意见，并与提供价值意见的用户积极互动。这样，企业不仅能获得更多的创新动力，还可以使提出意见的用户感到自己被尊重，使他们更愿意为改进产品尽一份力。

企业可以将收集到的用户意见作为研发下一代产品的依据。企业相关论坛上往往有丰富的、真实的用户意见，是企业收集用户意见的好地方。苹果公司的相关论坛上就有最新的用户意见，苹果手机研发团队在这些论坛上受益匪浅。

在苹果手机论坛上，用户“残风魅影”说：“苹果 6S 升级到 iOS 9.2 版本后发现 Bug，例如背景图不好看、耗电量增加。”用户“为苹果裸奔”参加 iOS 9.2 版本内测之后说：“失望！ iOS 9.2 版本还未修复苹果 6S 指纹解锁卡顿问题。”

苹果 iOS 9.2 版本推出之后，“为苹果裸奔”通过苹果技术支持论坛以及苹果论坛了解到，许多用户已经将 iOS 升级成了该版本，但是很失望。他们表示，苹果 6S 升级到 iOS 9.2 版本之后，原本在 iOS 9.1 版本中存在的指纹解锁响应迟钝问题仍然没有得到解决。具体的情况是：用户第一次用手纹解锁时，系统往往没有任何反应，再按压一次才能顺利解锁。这给用户的正常使用造成了不便。虽然这个问题并不是所有使用苹果 6S 的用户都会遇到，但是已经严重影响了一部分用户的体验。苹果研发团队收集了用户意见后得到的结论是：苹果手机 6S 指纹解锁卡顿问题是在升级 iOS 9.1 版本之后才开始出现的。所以，苹果的研发团队快速断定，此问题与手机系统优化有关，与手机硬件无关。当然，iOS 9.2 版本并不是一无是处。与 iOS 9.1 版本相比，iOS 9.2 版本的流畅度明显得到了提升，一些媒体曾用“流畅到爆”称赞此次升级。此外，不少网友升级到 iOS 9.2 版本之后，称赞该系统流畅度提升了很多，续航也有小幅提升。

苹果研发团队收集了用户的意见，很快就找到了问题所在。如果他们在 iOS 9.3 版本中解决此问题，那些遇到指纹解锁卡顿问题的用户就会感受到苹果研发团队的真心诚意，就会产生被尊重的感觉，就会继续使用苹果手机。

如果企业不尊重用户的感受，就会被用户疏远，甚至被用户抛弃。所以，创业者要坚持不懈地收集用户意见，并根据用户意见改进产品，这样用户才有可能成为企业的忠实粉丝。这些忠实粉丝经常会把好的产品分享给自己身边的熟人，这样就相当于给企业做了免费的口碑宣传。可见，重视并收集用户意见对营销百利而无一害。

收集用户意见的常用方法有三种。第一种是自建网站收集用户意见。企业自建网站，不仅便于用户发表意见，也便于企业随时随地收集、回应用户意见。第二种是利用微博、微信等社交平台来收集用户意见。例如，企业开通微信服务号，就可以及时、收集、回应用户意见，促进企业与用户的交流。第三种是利用用户自建的论坛收集用户意见。一些熟悉互联网技术的用户找不到与企业交流的地方，就会主动在百度贴吧等论坛或自建网站上发表自己对企业的意见，以此引起企业的注意。例如，杨某和彭某是苹果手机的忠实粉丝，他们在乔布斯发布苹果 iPhone 的第二天，就自建了果粉论坛威锋网，与广大果粉交流苹果手机的点点滴滴。

用户的每一次反馈都是企业改进的方向

常言道："没有最好，只有更好。"创业者研发出来的每一个产品都不可能是完美无缺的。大量用户体验产品之后，就会发现产品的不足之处。用户会将这些产品的不足反馈给企业，希望企业尽快解决问题。如果企业重视用户的反馈，用户就会乐意向企业反馈产品问题。企业重视用户的反馈意见，就能及时改进产品，提高改进效率。

那些成功的企业都十分重视用户反馈，并把用户反馈作为改进产品的依据。小米社区 App 的工程师团队设置了各种惊喜和奖励，以此吸引用户踊跃参与内测，主动邀请广大用户提供反馈意见，并诚心诚意邀请广大用户帮助他们一起改进小米社区 App。

2015 年 11 月 27 日，小米社区 App 1204 版本更新，其开发团队邀请广大用户在小米社区反馈 Bug、提出建议。

小米社区 App 的工程师经过两个多月的开发，推出了 Beta 1.0 版，此版本的很多功能还在开发之中。为了加快功能的迭代更新，提升功能的稳定性，小米社区 App 的工程师团队提供了 5 000 个内测名额，邀请米粉参与到开发工作中。这样做是为了获得米粉的反馈意见，与米粉一起改进产品功能。用户只要成为内测人员，就可以获得惊喜：每天登录小米社区 App 就可获得金币和经验，这些金币可以在社区 App 专属金币商城兑换小米平板 2、空气净化器 2、红米 Note 3 等产品，此外还可以获得荣誉内测勋章。积极参与并反馈 Bug 的用户，就可优先获得小米活动参与机会。

获得内测资格的米粉体验产品之后，积极地向工程师反馈意见。米粉“Mi_167300536 ”提供了一个极好的意见：“呼吁让不同渠道购买小米产品的用户都能点亮图标，让更多用户感受到小米的温暖！”米粉“肇庆巴黎”反馈道：“经常出现远端接口报错的提示。”米粉“北湖居”反馈了一个关键 Bug：“hide 标签超链不能点。”米粉“萨啦嗨”反馈道：“输入框在某些情况下无法弹出。”当天，小米技术团队的成员 scofy 就给予回复：“感谢反馈，此问题已收录。”

小米社区 App 的工程师得到了米粉的积极反馈，快速找到了产品的不足之处，从而获得了改进小米社区 App 的方向。小米社区 App 版本更新后将会得到更多米粉的认可。因为新版本的很多更新都来源于米粉的反馈，甚至是米粉的直接贡献。小米一直强调要与用户交朋友，所以小米工程师会把积极反馈 Bug 的用户以及提供好建议的用户当成好朋友。反过来，米粉也会把小米团队成员当成好朋友，支持并帮助他们改进产品。

很多成功的企业都十分重视用户的反馈意见，并把那些有价值的反馈意见作为产品改进的依据和方向。因此，它们研发出的新产品往往能够得到大部分用户的认可。在开发 Windows 8 的过程中，微软非常重视用户的反馈意见，并参考用户的反馈意见改进了 Windows 8 的文件管理功能。微软团队表示，他们收集了成千上万条关于 Windows 8 文件管理系统的反馈，他们将这些反馈总结起来，用于指导对系统的改进。用户在接下来发布的用户预览版中就能一目了然地看到改进。

微软高管史蒂文•辛诺夫斯基曾经在博客中写道：“我们阅读每一条

跟 Windows 8 相关的评论、论坛帖子和测评文章，并仔细追踪这些反馈。我们听取建议的同时会考虑反馈的来源、目标用户的功能需求，同时我们也尽量弥补反馈中互相冲突的部分。”

有用户表示，Windows 8 系统很好用，其台式机和笔记本电脑上都安装了 Windows 8。他还称赞 Windows 8 的安全性很好，资源占用很少。还有用户反馈：“我使用了一个多月 Windows 8 个人预览版，操作挺流畅的，并支持 Windows 7 下的大部分软件，尚未遇到任何兼容性问题。”

第 23 课

企业如何找到用户痛点

创业者在营销过程中仅仅了解用户需求还不够，还要找到用户痛点。快速取得成功的创业者无不找到了用户痛点。例如，雷军创办的小米获得了飞速发展，就是得益于其找到了用户痛点。如果创业者能够敏锐地找到并解决用户痛点，用户就会对企业产生好感。如何找到用户痛点？企业寻找用户痛点主要有两种方法：一种是用大数据锁定用户痛点；另一种是多组织线上线下活动，在赢得用户信任的基础上深入挖掘用户痛点。

用大数据锁定用户痛点

在营销过程中，如果创业者能够把握住用户痛点，就能取得事半功倍的效果。大数据技术可以帮助创业者快速、精准地找到用户痛点。

用户购买产品的时候最关心三个问题，即“它对我有什么好处”“它与其他产品有何不同”以及“我为什么要相信你的广告”。在这三点中，只要有一点能充分体现产品的优势，就可以让用户牢牢记住产品。用户在需要购买该类产品时，就会在第一时间想起该品牌。

随着大数据技术的不断发展，很多营销人员积极地利用大数据寻找用户痛点，并取得了不错的效果。佳美口腔与百度直达号合作，实现了利用大数据直达用户痛点，获得了可喜的营销效果。佳美口腔每天新用户增长比例高达 300%，每天约有百名用户通过百度直达号成功到线下门店消费。

百度推出新产品“直达号”后，佳美口腔积极地开通了百度直达号。佳美口腔医疗管理集团 CEO 王平表示，他们开通百度直达号的主要原因是因为百度的客户群是有一定需求的，他们会通过主动搜索与企业建立联系。这样百度直达号就能够帮助佳美口腔在众多网民中快速找到拥有真实需求的用户群，尤其是让这些有真实需求的用户更快、更方便地与佳美口腔对接。佳美口腔直达号可以让用户便捷地在线预约咨询，让线上专家为他们诊牙，还可以提醒用户距离其最近的佳美口腔店的地理位置，为需要到店解决口腔问题的用户带来了便利。

佳美口腔不仅利用直达号为用户提供预约服务，还希望直击用户痛点。佳美口腔通过大数据了解到了用户痛点：用户希望通过网络获得口腔预防、保健、诊断等服务。因此，佳美口腔让 8 位医师轮流在直达号上“坐诊”，这样用户足不出户就可以通过直达号在线提交症状，便捷地获得专业医师的解答。佳美口腔提供的医师“坐诊”服务受到了很多用户的欢迎，他积极地在直达号上提交各种问题。这些问题涉及龋齿、牙周炎、牙龈炎等常见口腔疾病。佳美口腔的医师平均每天要回答 50~60 个问题。

佳美口腔于 2015 年 3 月上线自主研发的 CRM 系统，此系统旨在为佳美口腔提供大数据，有效地支持百度直达号等产品，更好地帮助佳美口腔锁定用户痛点。

同样的，京东通过自建物流获得了快速扩张，并不断利用大数据技术发现用户在物流服务上的痛点。如今，京东的物流服务越来越丰富，有“211 限时达”“次日达”“夜间配”“隔日达”“极速达”等各种服务，满足了不同用户对物流服务的需求。

网购用户最大的痛点就是送货慢。于是，京东根据以往大数据对用户消费行为进行分析，设计了类似“极速达”的高端物流服务，锁定了那些愿意付费满足急速物流服务需求的用户。

多组织线上线下活动，在信任的基础上开展情感营销

企业要想顺利进行情感营销，必须让用户信任企业。如果企业得不到用户的信任，就会遭遇产品无人问津、无人购买的困境。实践证明，多组织线上线下活动，是企业获得用户信任的有效途径。

小米十分善于通过线上线下活动获得用户的信任，进而开展情感营销。小米通过许多线上线下活动与很多米粉建立了深厚的感情，赢得了众多米粉的信任。

小米每次组织线上和线下活动，总能吸引用户争先恐后地参与。我们先来看小米组织的线上活动。小米在线上组织活动的渠道主要有四个，分别是微信、论坛、QQ 空间和微博。

在微信上，小米组织了“大家看直播发布会”的抢答活动，用户参

与方式极其简单，营销效果也很好。短短两个小时，就创造了 280 万元的销售额。

在论坛里，小米组织了“智勇大冲关”的活动，此次活动有 1 800 万人参与。活动形式很简单，就是大家互相比拼谁更了解小米手机的参数，这个活动营造出了注重荣誉感、成就感、炫耀感的氛围。

在 QQ 空间中，小米推出了红米独家发布会，把红米的发布会包装成了一个互动活动。此次活动吸引了 750 万名用户，创造了短短 90 秒售罄 10 万部红米手机的佳绩。

在微博上，小米组织了“我是手机控”的活动——大家来炫耀自己都玩过哪些手机。此次活动小米团队没有花一分钱，就瞬间吸引了 100 万名用户踊跃参与。

小米组织的线上活动不仅抓住了用户的眼球，而且极大地促进了小米团队与用户之间的情感交流，获取了令人惊喜的营销效果。雷军说，他们组织的很多线上活动都没有花一分钱。雷军觉得比花钱更难的是，让自己的团队成员一直保持热情面对用户。小米的团队成员保持热情的一个方法就是泡微信、微博，通过社交媒体与用户直接交流，获得用户的信任与支持。用户的信任才是他们保持热情的不竭动力。

小米组织的线下活动很多，其中最出名的就是“同城会”和“爆米花”。每年米粉自发组织的线下活动有三四百场，小米官方也会组织十多场。“同城会”主要是同城米粉之间的互动活动，小米团队成员也会参与其中。“爆米花”是小米活动平台，在“爆米花”活动中，米粉可以与小米合伙人现场互动、玩游戏。

2015 年 12 月，小米社区在天水同城会举办了“同城之宝大比拼”活动。此次活动中，天水米粉表达了他们对小米的深厚感情。天水同城会会长的夫人画了一幅国画，画中有两只相依的米兔。她说该画的含义是“因为米粉，所以小米”。画中两只相依的米兔象征着小米和米粉之间的亲密交流。她还诠释了小米与米粉的关系，她说：“小米是米粉的图腾，米粉是小米的基石。”

线下活动可以让米粉之间进行深入交流，让小米团队与米粉进行亲密接触。在活动过程中，小米团队与用户一起做游戏，气氛很温馨、愉悦。小米通过组织趣味横生的线下活动加深了自己与用户的情感。

第 24 课

学会情感设计

心理学家经过长期研究得出一个结论：情感因素是人们信息渠道的“阀门”，在没有情感的情况下，人们往往对周围的一切熟视无睹、充耳不闻。只有情感才能开启人们的心灵之窗，吸引消费者的眼球。所以，创业者要积极开展情感营销。引起用户的情感共鸣。

企业要想成功开展情感营销，就要先掌握情感营销的策略。情感营销的策略主要有四种，即情感包装、情感服务、情感公关和情感设计。其中，情感设计甚至能够使企业起死回生。塞浦路斯公司是一家制鞋商，在企业陷入破产危机时，聘请了心理学家弗兰克•罗里担任总经理。弗兰克•罗里认为消费者购买鞋子不仅是为了防寒、防湿，还有情感需求，于是他便集中精力设计了各种富有情感色彩的鞋子，陆续推出了“男性情感型”“女性情感型”“优雅情感型”等鞋子。这些鞋子销售十分火爆。最终，弗兰克•罗里成功运用情感设计使企业绝处逢生。

企业在情感设计的过程中要抓住三个要素：一是愉悦的工

作氛围；二是为用户创造优越感；三是要让用户感觉到企业的真诚。

愉悦的工作氛围能让员工为用户创造最好的体验

很多企业都要求员工微笑服务。但事实上，很多企业的服务并不能让用户感到心情愉悦。

企业要想让用户获得良好的体验，就要想办法让用户感觉心情愉悦。企业应该通过自己的员工向用户传递愉悦的情感。因此，企业首先要竭尽全力地为员工营造愉悦的工作氛围。

很多成功的创业者都十分重视为员工营造愉悦的工作氛围。海底捞之所以能够取得成功，原因就在于它善于营造愉悦的工作氛围和消费环境，从而让每一位顾客都能获得极致的用户体验。

海底捞的服务员能让用户获得愉悦的用户体验，根本原因在于他们在平时工作的时候很高兴。员工工作的时候很开心，是企业的管理人员重视营造愉悦的工作氛围的结果。员工开心了，才会把自己的愉悦情感传递给用户。海底捞的管理者认为，要想让顾客满意，一定要先让员工满意。海底捞的员工真心实意地对待用户，这源于其董事长张勇把员工当成家人一样对待。他给员工创造良好的工作环境，使员工愿意留下来工作。海底捞员工的待遇是餐饮行业内数一数二的。员工居住的房间内都配备了空调、电视机、计算机，卫生由专职保洁员负责打扫。管理者还会为员工解决子女教育问题。正如张勇所言："人心都是肉长的，你对人家好，人家也就对你好；只要想办法让员工把公司当成家，员工就会把心放在顾客身上。”

采用会员机制，为用户制造优越感

很多企业在建立之初的首要任务就是积累会员，大力推广会员卡，其目的就是为用户制造优越感。用户在购买企业的产品时获得了优越感，就会信任企业，成为企业的忠诚客户。很多品牌都为会员提供了特殊权益，如普通会员享有 9.8 折优惠，银卡会员享有 9.5 折优惠，金卡会员享有 9.2 折优惠。很多大型超市、商场往往采用会员制，免费为用户办理会员卡，旨在为用户制造优越感。这样企业能牢牢地抓住用户，让用户持续地、主动地购买企业的产品或服务。

会员制往往能让用户获得特殊权益。首先，用户可以获得积分，这些积分可以兑换一定比例的现金，或者可以兑换企业指定的商品。其次，用户可以参加品牌的专属活动，如物美超市喜迎“双十二”，面对会员推出了“购物满 100 元送 50 元”的狂欢活动。企业推出会员活动，不仅让用户得到了实惠，也可以牢牢抓住用户，通过他们获得持续稳定的收益。

越来越多的创业者开始采用会员制为用户制造优越感。乐视网就通过会员制获得了一批持续付费的用户。

乐视网每一次举办新品发布会，总能提升其品牌知名度。

2015 年 10 月下旬，乐视网举办了一场盛大的新品发布会，此次发布会有 6 000 余人参与。乐视倾情推出了“旗舰杀手”千元手机乐 1S。该手机一经发布，就成了用户关注的焦点，在预售期的预约量高达 1 100 万部。11 月 3 日乐 1S 开放销售，仅仅 1 个小时，仅乐视商城“现货＋

预售”出货量就突破了 50 万部。2015 年“双十一”期间，乐 1S 创造了全电商平台新品单日销售纪录。

乐 1S 之所以能够取得如此骄人的成绩，得益于乐视网的会员制。用户在优越感的刺激下就会争先恐后地预约乐 1S。

乐视网本次推出乐 1S 采用的策略和推出乐视超级电视时如出一辙，都是制订了“硬件免费”的会员购机计划，即用户只要购买 4 年全屏影视会员，就可享受乐 1S“0 元购”。与此同时，乐视网为会员升级了三大核心特权，即服务特权、内容特权和身份特权。在服务方面，乐视网会员拥有专属客服人工，不仅可以享受两日修好手机的快修通道，可以还享受上门取件、以换代修等服务。在内容方面，乐视网会员可以专享大片的提前点映。在身份方面，乐视网会员拥有乐视新品及下一代新品的现货购买权。

另外，乐视网经过深入研究，了解到视频网站用户的核心需求就是能够随时随地观看流畅、清晰、新鲜的视频内容。这就要求视频网站从内容、技术、硬件三大方面着手。乐视网从一开始就重视内容，坚持购买正版内容版权，亲自投资、参与影视制作，还专门研发了观看视频内容的硬件，如电视机、手机等，满足了用户对正版视频内容的需求。

乐视网在发展的过程中认识到了留住用户的重要性。乐视认为，用户认可企业产品或服务的唯一指标是心甘情愿地付费，于是想到了用硬件来绑定会员。用户只有提前预付会员费，才能长期使用乐视网的产品和服务。这样乐视网不仅能牢牢抓住了用户，还能提高用户黏性，让用户持续为企业创造价值。

2015 年前三个季度，乐视网的会员收入高达 18 亿元，增幅达 73%。“919 乐迷节”当天，乐视网会员的贡献再次出人意料，仅一日会员收入就高达 5 000 万元。

乐视网会员的付费行为，不仅让乐视网获得了可观的收入，而且让其获得了一批忠实用户。这不仅让乐视网的品牌得到了进一步传播，还为乐视网的广告业务打下了坚实的用户基础，必将驱动其广告业务蓬勃发展。

发起情感促销，让用户感受到企业的真诚

海底捞的管理者曾说过，要让用户感受到某种情感并被深深打动，创业者和团队成员就不能信口雌黄，一定要具备真诚服务的热情。也就是说，企业要想得到用户的信任，就要付出真情，诚心诚意地对待用户。

常用的情感促销方式有以下两种。

（1）制作情感广告。例如，日本精工表公司在人来人往的地下通道里投放了大型灯箱广告，广告语为“诸位，旅途辛苦了，欢迎您到北京来”。仅仅十余个字的普通问候语却让看到的人感觉心里暖暖的。这句质朴的话表达了企业对行人旅途奔波的理解，流露出了对匆匆行人的关爱之情。企业只要将感情与广告内容结合起来，就能牢牢抓住用户的情感需求，引发用户的情感共鸣。

（2）提供情感环境。随着经济水平的不断提高，用户越来越重视生活品质，越来越重视消费环境。很多企业都很重视情感环境，并千方百计地为用户营造情感环境。例如，肯德基在店内设置了儿童游乐区，王府井商场在店内设置了休息区，奥特莱斯商城门口经常会举行歌舞大赛，这些活动能让用户感到放松、愉悦，进而流连忘返。

企业采用情感促销往往能吸引用户积极参与活动，获得令人惊喜的营销效果。

天猫“双十一”大促采用了情感促销策略，为用户提供免单、红包、打折、无门槛优惠券等，让用户深深地感受到了天猫为用户省钱的心意，从而激发了全民的参与热情，成功地打造了全民购物狂欢盛典。天猫也成功刷新了“双十一”大促的销售额，创下了 912 亿元的销售佳绩。

创业者要想获得更好的营销效果，不妨发起情感促销，实实在在地为用户让利。创业者可以为用户提供深度折扣价、满减优惠。用户享受到较多实惠，便会对企业生出感激之情，时刻惦记着企业，进而成为企业忠实的回头客。总之，情感促销策略可以让用户感受到企业的真诚，有助于企业培养忠诚用户，巩固企业与用户的关系，有利于企业的长远发展。